名师·名校长
领航书系

U0594527

学习可以更好地发生

—— "让学拓思"课堂教学创新路径探析

万淑兰 / 主编

哈尔滨出版社
HARBIN PUBLISHING HOUSE

图书在版编目(CIP)数据

学习可以更好地发生："让学拓息"课堂教学创新
路径探析 / 万淑兰主编. —— 哈尔滨 ：哈尔滨出版社，
2025. 2. —— ISBN 978-7-5484-8397-7

Ⅰ. G632.421

中国国家版本馆CIP数据核字第20255RM445号

书　　名：学习可以更好地发生："让学拓思"课堂教学创新路径探析
XUEXI KEYI GENGHAO DE FASHENG:"RANGXUETUOSI" KETANG JIAOXUE CHUANGXIN LUJING TANXI

作　　者：万淑兰　主编
责任编辑：李金秋
装帧设计：领航明师

出版发行：哈尔滨出版社（Harbin Publishing House）
社　　址：哈尔滨市香坊区泰山路82-9号　　邮编：150090
经　　销：全国新华书店
印　　刷：北京鑫益晖印刷有限公司
网　　址：www.hrbcbs.com
E - mail：hrbcbs@yeah.net
编辑版权热线：（0451）87900271　87900272
销售热线：（0451）87900202　87900203

开　　本：787mm×1092mm　1/16　印张：9.75　字数：163千字
版　　次：2025年2月第1版
印　　次：2025年2月第1次印刷
书　　号：ISBN 978-7-5484-8397-7
定　　价：58.00元

凡购本社图书发现印装错误，请与本社印制部联系调换。
服务热线：（0451）87900279

主　编　万淑兰

副主编　李金国　范俊胜

目录

推广篇 "让学拓思"教学改革联盟校 / 109

「让学拓思」的理论基础

让学拓思：新课标理念下课堂教学减负提质新探索

新课改以来，"为学而教""对话教学""自主学习""探究学习"等教学理念深入人心，然而在教育实践过程中依然存在"重教轻学""以教代学""以教定学"的普遍倾向。在此观念下，教学如同保罗·弗莱雷所言的银行"存储式行为"，教师沉溺于"教"而"让学生耐心地接受、记忆和重复存储材料"，"判断和衡量课堂教学成功的标准就是看灌输得是否到位"，长此以往被动接受"存储材料"的学生负担不断增加，无形中"剥夺了学生自主学习的权利、欲望和能力"，缺失独立学习、合作学习、探究学习的机会，缺失了独立思考，拓展思维角度、深度和广度的时间与空间。2021年中共中央办公厅、国务院办公厅印发《关于进一步减轻义务教育阶段学生作业负担和校外培训负担的意见》，在减轻学生过重作业负担和校外培训负担的同时，明确指出，"大力提升教育教学质量，确保学生在校内学足学好"，由此，"减负提质"成为教育发展的新方向，"向课堂要质量"成为当前教育教学改革的重要课题。2022年《义务教育课程方案》明确提出"减负提质""凸显学生主体地位""加强知行合一、学思结合"等要求和理念。基于此，本文深度探析教师"让学拓思"的理论基础，并深入探析其教学内涵及具体到教学实践中的教学模式与方法。

一、"让学拓思"的提出

人们常言"教学是人的活动"，这里的"人"不是类的概念上的全体，而是在教学中存在着的具体的师生生命个体。

（一）教师日常存在之"教"

身处日常教学之中，教师个体置身于与学生的关联之中，成为"教"学生的人，在其施"教"的各种可能性中显现作为教师当下存在的意义。如教学生一篇语文课文，针对不同的学生确立怎样的教学目标、选择哪些教学内容、采取何种教学方法、如何组织课堂环节、应对学生的生成性问题、评价学生的课堂实践等，都是教师在"教"之中所展现的诸多可能性。

（二）教师本己存在之"让学"

日常教学中教师以"教"显现作为教师当下的存在，也正因为日常中"教"的先行并执着于"教"，造成日常教师以"教"强迫"学"，以致"学生内在本己的学之需求在教的强制下渐渐失却呼唤与照见，慢慢走向泯灭、冷寂，这一定程度上造成学生生命状态的压制和异化"。教师自身也因深陷日常的经验关联而放逐了自身的本己存在，而本己存在则是教师持守无所关联的最本己的可能性而存在。海德格尔指出，最本己可能性乃是"不可能之可能性"，是"无所关联的、不可逾越的可能性"。对于教师而言，"不教"的可能性即是此本己可能性，因为教师的诸种关于"教"的可能性都是可实现的，唯有"不教"之可能性不可实现，一旦教师"不教"则意味着脱离与学生的关系，教学随之取消。这也表明，教师的本己存在并不能脱离日常，教师始终是日常中的教师，其本己存在是在日常的"教"之中去持守"不教"的可能性而存在。教育家叶圣陶先生就曾提出"凡为教，目的在达到不需要教"，教师越是能在教学中持守"不教"的可能性，让学生自己思考、自己体悟、自己动手、自己阅读、自己交流，即"让学"，则越能在日常之"教"中展现出教师之本己存在。

（三）"让学"核心在于"拓思"

海德格尔指出，教学之学本义是"让学"。这种"'让'不是'强迫'，是一种邀请，一种召唤，一种请求，引领孩子们上路，思存在之思，习行不止"。这里的"让学"是学生自己去学习、思考、探究、表达，其核心就在于"拓思"，拓展学生的思维角度、拓深学生的思维深度、拓宽学生的思维广度，在"让学"的各种活动中引发学生思维深度参与，学生的学习才真实发生和深度介入。在我国古代孔子就提出"不愤不启、不悱不发"、学思结合，主张注重学生个体的学习欲望，先"让"学生积极思考再进行适时启发；《学记》中"道而弗牵，强而弗抑，开而弗达"，《中庸》"博学之、审问之、慎思之、明辨之、笃行之"，朱熹"读得熟而又思得精，自然心与理一，永远不忘"等都强调了自我学习、独立思考的核心价值与作用；西方在古希腊时期苏格拉底提出"产婆术"，倡导在层层递进的问答对话中，充分引导学生自身进行由浅入深的思考；法国的笛卡尔、卢梭，英国的休谟、霍布斯、洛克、牛顿，荷兰的斯宾诺莎等众多思想家及科学家都非常重视"思"的深层价值和作用；杜威主张以儿童为中心，让学生在"做中学"以形成个体内在的经验，同样强调学生基于活动而实现内在思维的建构；美国心理学家佩特和布莱沫（1967）基于调查指出提问能激活学生思维，掌握好提问的有效度是提高教学质量的重要途径之一；教育学家鲍里奇（2002）指出教师要精心设计能让学生积极思考并参与讨论等学习过程的有效问题，帮助学生思考和掌握知识。这些主张都表明"让学"的核心就在于学生思维的全面介入，让真实的学习深度发生。

二、"让学拓思"的教学意涵

国内外有许多与"让学拓思"相契合的理论思想，在突出学生主体地位、强调自主学习和独立思考方面已达成共识，以下将从"让学拓思"的基础含义及"让学""拓思"二者关系进行阐述。

（一）"让学拓思"的基础含义

在新课改后的课堂教学之中，"让学拓思"既传承前人学者的诸多思想，又深蕴新时代的教学理解。首先，"让学"不是否定教师的"教"，只是需要教师在"教"之中持守"不教"的可能性，秉持让学生自己学的先行性；其次，教师面向学生先要"让"，需"让"出时间、空间和机会，让学生成为学习的主体，而不是让学生陷入教师无尽的"教"之中被动接受，教师需从传统的知识传递者角色转变为学生学习的引导者和促进者；再次，当"让学"的过程中问题得不到推进、思考无法解惑时，教师适时适机地"教"依然显现出强大的价值和意义；最后，当教师让学生积极主动地参与学习，意味着学生自主地发现问题、分析问题、解决问题，积极地思考、交流、探究、表达，其核心就在于学生思维的积极介入，通过不同问题的提出、分析、研究、表达来促进学生思维角度的变化、思维深度的展现、思维广度的拓展。

（二）"让学"与"拓思"的关系

《义务教育课程方案（2022年版）》指出，应"注重培养学生在真实情境中综合运用知识解决问题的能力……突出学科思想方法和探究方式的学习，加强知行合一、学思结合"。在教学中，"让学"与"拓思"之间并非割裂后的组合，而是一体的存在。首先，"让学"是"拓思"的前提与基础。"让学"是教学的本义，是教师应持守的教学理念，只有先行持守"让"的教学本义，才会真正在教学中给予学生足够的时间、空间、机会和活动，让学生积极主动地经历学习的全过程。基于这一理念，教师才能让学生在探索知识、学习技能、活动实践的过程中积极思考、掌握知识、积累经验、发展能力、陶冶情感，而当学生积极参与学习并深入思考时，他们内在的思维相应得到拓展和提升，从而实现"拓思"的目的。

其次，"拓思"是"让学"的深化和升华。"从存在论的角度来看，教学的本体就不是如何教或者学生如何学的问题，而是教师如何'让学'的问题。"落实"让学"是让学生积极参与到问题发现与思考、知识交流与理解、活动探究与表达之中，而核心就在于"拓思"。当教师聚焦于学生学习过程中思维的角度、深度和广度的变化时，引发学生调整思维角度、引导学生深化思维深度、引领学生拓展思维广度，从而帮助学生更深入地理解知识，提升他们的思维品质和创新能力，这便是对"让学"理念的深化与升华。

最后，"让学"与"拓思"相辅相成、相互促进，共同致力于学生的成长。"'让学'的本质和核心是课堂立场转换，这种转换是在时间、空间、精力等多维度下的'主体更替'，即教学从'教师中心'转向'学生中心'。"教师在教学中让出学生自学的空间，同时也就给予学生思维拓展的时间，反过来看，学生思维拓展的过程则是"让学"的真切体现，二者绝非割裂的存在，而是一体存在相辅相成，让学生获得生命的敞亮。

三、"让学拓思"的实践样态

基于"让学拓思"的教学理念，具体到教学实践之中学生的学习活动主要由哪些环节组合？学生的思维呈现怎样的状态？教师采用怎样的教学方法？这构成"让学拓思"理念下的实践教学样态。

（一）"三让三拓"教学模式

从学生学习角度来看，学生学习知识的过程往往经历问题产生、问题探索和问题解决的过程，教师"既要关注学生通过对问题的探索促进知识的个体内部构建，又强调学生通过小组讨论和写作来解决问题，从而实现知识的社会性构建"，而"让学拓思"就是要将学生问题产生、探索、解决的过程从教师沉浸"教"学生的状态中转向，转向让学生自己来提问、积极去探索、主动来表达的过程，从而在整个学习过程中发展学生的认知能力、提升学生的思维能力。因此，"让学拓思"的首要环节是让学生提问，这是学习的起始阶段。"促成学生主动提出问题是教与学互动的具体体现，也是学生提高学习能力的有效途径"。不同的学生因自身经验、能力、水平、知识结构等的差异，提问的角度、层次必然存在差异，而不同的问题展现出的是班级所有学生学习问题的各种可能，对于教师来说，这恰恰是"让学"后最有价值的教学资源，而与此同时不同的问题也打开了学生思维的束缚，整个环节决定了学习的目标与方向；如下图1-1所示，在确定学习目标与方向后，"让学拓思"需要打破过去教师"教"学生的惯常方式，由教师引导学生通过自主思考、合作交流、师生研讨的活动来探究问题，这便是"让探究"，即"根据学科领域，结合学生实际生活明确研究主题，让学生模拟学术研究步骤，在实践学习中发现和研究的探索性活动"，它需要学生"在问题探究过程中加深对知识的理解和认知，进而增强学生的探究精神和创新精神"，这一过程学生沿着问题的方向深入钻研，从而实现思维的深度企及；当学生经探究对问题有了深入思考之后，新的理解和认知依然还处在学生内隐的状态，在"让学拓思"的过程中，学生的思维成果需要加以外化，需要让不同思维的学生、有着不同思维成果的学生再自由地表达出来，如此，不同学生从不同角度、不同层面进行表达，对知识有了更为广泛的认知和学习，从而激发学生思维能力向语言能力的转化，使内隐思维成果外化显现，同时大大拓展学生思维的广度。以二年级语文《植物妈妈有办法》为例，教师先让学生针对课文标题提问，学生从不同角度提出"植物妈妈是谁？植物妈妈长什么样？植物妈妈遇到什么问题？植物妈妈的孩子是谁？植物妈妈的孩子有什么难题？植物妈妈有什么办法？植物妈妈的办法解决了问题吗？"等问题；

梳理出探究的核心问题后再让学生自主阅读、合作探究，完成相应的任务表格，让学生深度思考解答之前的核心问题；最后让学生小组内汇报并在全班进行表达，将不同个体的内在思维成果外化显现。

图1-1　"三让三拓"课堂教学模式

　　根据以上的分析，"让学拓思"理念在实践中形成了"三让三拓"的教学模式，即"让提问、让探究、让表达""拓角度、拓深度、拓广度"。具体来说，通过让学生自发主动提问，强化学生思维角度的变化；通过让学生自主合作探究，强化学生思维的深度；通过让学生以口头、书面、图画、思维导图、信息技术、小组活动等各种形式来实现各种思维成果的外化表达，从而拓展学生思维的广度。需要强调的是，这一核心模型在课堂中可以循环实施，如《植物妈妈有办法》在学生汇报完思维成果后，可以继续引导学生提问："你还知道哪些植物妈妈？她们怎样解决传播的问题？她们的办法好不好？"之后让学生自己查阅资料或相互交流，在深入思考后开启新一轮汇报和表达。

　　（二）"导问·引探·启达"教学方法

　　教师在课堂上"让"，绝不是"不教"，是居于"教"之中的"让"，或"不教而教"的"让"。"三让"中"让提问、让探究、让表达"，指教师在让学生自己发现问题、主动探究和积极表达之中构建的一套教学程序。提问、探究、表达都是从学生角度提出的重要学习活动，构成相对严密的学习系统和模型，其中，提问聚焦于课堂教学内容的生发方式，探究侧重通过独立自主或小组合作的方式实现对教学内容的研究分析，而表达是学生在通过深度思考之后从内在的思考转化为个体的语言表达。但"让学"展现的是教师作为当下具体的存在，是持守着"不教"的可能性而教，在"让"的前后及过程之中如何"让"得到位，"让"得有效，适时的"教"必不可少，而且也只有适时的"教"才能更有效地促成"让学"。可见，在"让学"之教中，教师要适时地进行引导、创境、点拨、讲解与分析。这样一来，在"让提问"之前，教师需要"导问"，如创设情境引导学生进入教学内容的思考；而在学生自主提问之后，教师需要"引探"，即进行问题的分类梳理，帮助学生明晰探究的方向，引导学生进行独立或合作探究，如《植物妈妈有办法》当学生们提出许多问题时，教师需要敏锐地分析并进行相应的归类，引导学生结合核心问题进行思考；而在学生经过独立思考或小组探究、研讨问题过程后，教师则需要"启达"，适时从旁启迪指点，启发学生在小组内交流表达或在班级汇报，教师最后再予以知识归纳或延伸拓展。如教师引导学生从"植物妈妈有办法"的标题处生疑，归类探究的三个核心问题，让学生从三个核心问题顺序进行表达；引导学生继续提问其他植物妈妈的办法，让学生从课本走向课外探究，启发学生进一步拓展表达，最后老师归纳总结不同植物的传播方法。从中也可以看出，这一方法并不是线性样态，而是循环往复的过程，既可以在"三让三拓"教学模式的大环节安排中实施，也可以随着教学内容的层层推进而循环往复推进实施。

图1-2　"导问·引探·启达"教学方法

综上所述，"让学拓思"的教学理念与新课标课程方案的理念和要求一致，充分突出学生主体地位，注重知行合一、学思结合。在具体教学过程中，可采取"三让三拓"教学模式与"导问·引探·启达"教学方法，充分促进学生思维角度、深度与广度的拓展，实现学生思维能力与创新能力的发展。

重点项目：湖南省基础教育教学改革重点项目《"减负提质背景下'让学拓思'课堂教学改革与实践研究（课题编号：Z2023174）》研究成果。

理论篇　「让学拓思」的理论基础

成长篇

「让学拓思」课堂教学改革历程

"让学习真正发生"的"让学拓思"课堂

——雨花实验小学生命化课堂建设实施方案

（2018年9月　第一版）

一、方案构建背景

生命的独特性、丰富性，是因为生命有很多特质、很多元素，而课堂就是教师和学生生命元素生长的最好沃土。生命化教育的落实关键在课堂，我们基于"生命化"的高度来思考、完善课堂教学。

如何培养学生适应不断发展的未来社会是对生命化课堂的延续性思考，其中关键点是让学生学会学习。学习是从已知世界出发，探索未知世界之旅，是超越既有的经验与能力，形成新的经验与能力的一种挑战。只有学生能自主激发学习兴趣，探索学习方法，经历自学过程，体验学习的艰难与快乐，才能让所学习的知识和技能转化为精神和素养。

二、"让学习真正发生"的内涵

学习不是一种照搬照抄的行为，而是一种心灵与智慧的创造；不是简单地把知识从教材上搬运到大脑中，而是一种发现知识、理解知识、消化知识、整合知识、创新知识的过程。

让学习真正发生，教师要站在学生的后面。如果教师一直站在学生的前面，教师的高度就成了学生难以逾越的高度。站在学生后面的教师更多地起到一种鼓励、支持和保障的作用。学生的发展高度是教师没有办法预设的，而学生所需却是可以预想的：在具体的学习过程中，学生所遇到的困难，就是教师要进行具体指导与帮助的。"让学习真正发生"的课堂对教师有更大的挑战，因为在这样的课堂里，学生的想法、疑惑多种多样，教师必须充分做好面对各种想法和疑惑的准备。

三、"让学拓思"课堂的含义

"让学"就是指教师在课堂教学中要给学生让时间、让空间、让机会、让活动。教师让学生亲身经历学习过程，在时间和空间上保证学习活动正常展开和学习行为真实发生。教师引导学生养成良好的学习习惯、掌握科学的学习方法、保持积极的学习状态，为学生提供充分的自主学习资源，激励学生主动参与学习活动的设计和实施。

"拓思"就是老师引发、引导、拓展学生思考，在形式和本质上保证学生大脑处于积极的思维状态。教师指导学生在系统的学科学习中，养成思考习惯，增强思维品质，提升思想境界。

四、实施路径

（一）教师方面：编制"学习预设案"

教师从备课开始，就从研究自己"如何教"向研究学生"如何学"转变。备课要体现由"教"向"学"转变的思想，教师首先务必深钻细研教材，广泛搜集有关本课的教学资料，全面整体地把握教学资源，进而紧扣学习目标，精心设计要探究的问题，以问题为线索推动学习。教师务必要认真研究学情，准确把握学生学习的基础，了解班级学生层次分布，进而精心设计"学习预设案"。

编制"学习预设案"时应考虑的"让"：文本让学生研读；问题让学生主动提；见解让学生自由讲；重难点让学生充分议；思路让学生自己悟；规律让学生反复找；总结让学生慢慢写。

编制"学习预设案"时应考虑的"拓"："问题"是"拓思"的绳索，课堂提问的有效性是"拓思"是否智慧的重要标志，所以"拓思"提问时要注意以下几点：

（1）课堂提问不能太"整"，要由点到面。

（2）提问的难度要贴近学生的认知水平，由浅入深。

（3）提问的角度要能够启发学生思维，由表及里。

（4）课堂提问要预设补问，由此及彼。

（5）课堂提问要远离应试，增强品质，由弱到强。

（二）学生方面：构建学习小同盟，润泽智慧与生命

构建学习小同盟，倡导学习"关心"，建立温暖人心的教育生活。构筑学习共同体的课堂，强调倾听、交流、合作、反思，促进生命的沉淀与灵魂的聚集，促进学习的生成与创造。其基本的活动一般为：以互爱互信互助为基石构建课堂；建构由两人至四人组成的学习共同体，互帮互学；在共同体的学习中，师生互相倾听，教师适当地串联，引导学习真正发生，同时还要触发学生对学习及思考进行"反刍"。提倡培养"展示者"的话语系统："请大家听我说：我给大家讲的是……我要特别强调的是……大家还有什么问题要问我吗？"用类似这样的系统化的语言，帮助学生找到话说，选择有用的话说，并且促成与疲沓学生的互动。

（三）"让学拓思"课堂教学三环节

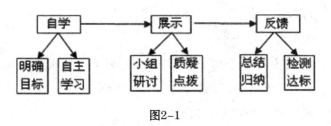

图2-1

1. 自学

让学生在总体把握本节课学习内容和学习目标的前提下自学，即学生自己根据教师的"学习预设案"展开有效的学习活动，自己积累、查阅资料，自己学习文本并记录下预习过程中的收获和疑难问题。

2. 展示

小组研讨是展示的一个基本步骤，是教师合理安排学生进行对学、群学的组内小展示活动。展示即发表、暴露、创造、提升。通过学生与学生之间的讨论、质疑、争论、辩解、分析等互动形式，形成组内全员参与、积极探究、氛围热烈的场面，把课堂教学推向深入，使学生初步享受获得知识的快乐。

质疑点拨是展示的一个重要步骤，主要鼓励学生进行知识创造、能力提升，是生命化课堂教学模式中最重要、最精彩的部分，是教师合理安排学生进行对学、群学的班内大展示活动。通过学生与学生之间、学生与教师之间的讨论、质疑、争论、辩解、分析、更正、补充等互动形式，形成班内全员参与、积极探究、氛围热烈的场面，把课堂教学推向高潮，使学生再次享受获得知识的快乐。

3. 反馈

通过完善板书，总结归纳知识点与知识点之间的区别、联系及其规律，尽量让学生总结归纳，教师只做更正和补充。

教师根据教学目标，设计相应的检测题进行达标检测，应用所学知识解决生活中的实际问题，体现知识来源于生活、应用于生活，达到学以致用的目的，同时在应用中使知识得到巩固提升，拓展延伸。

五、实施步骤

1. 成立领导小组（2018年4月）

组　　长：高志彪

副组长：代天辉、陈任华

组　　员：马新中、谢冬梅、颜鲜明、姚朝飞、叶崇凤、佘学龙、周双莲、李宗兴、钟洁、刘奕麟、刘静波、夏苗、张敬

2. 做好前期调研（2018年5~6月）

调研课堂现状，解剖教学行为，广泛开展课堂"照镜子"活动，找出阻碍课堂教学高效进行的症结所在，发动广大师生自查不良的教法与学法，为实施"指向学习的生长课堂"教学改革奠定良好的基础。

3. 宣传发动（2018年5月）

召开全体教师会议，对全体教师进行理念教育，宣传课改的好处和必要性。

4. 制定课堂教学改革方案及相关的管理制度（2018年6~7月）

分别召开各科组长、骨干教师课堂教学改革研讨会，研究部署课改实施的各项工作，探讨我校课堂教学改革的模式，制定集体备课、教学反思、课堂评价验收、"学习预设案"编写规范、课堂操作流程、班级学习小组建设等相关的管理制度。

5. 全面实施（2018年9月）

本着"边实践、边探索、边研讨、边改善、边提升"的原则，用心全面铺开"指向学习的生长课堂"。

6. 深入调研，及时整改

学校行政、学科组长要经常深入课堂进行调研，同时，邀请教育局相关领导、区教研室教研员到学校听课指导。

7. 树立典型，总结推广

（1）推广典型教师的做法，发挥带头作用，使全体教师进一步提升。

（2）推广典型班级做法，使每个班级都大有进步。

（3）推广典型小组做法，激活所有学习小组展开快乐高效的学习。

雨花实验小学"让学拓思"生命化课堂教学实施指南

（2024年3月　第十次补充修改稿）

一、实施背景

中共中央办公厅、国务院办公厅印发《关于进一步减轻义务教育阶段学生作业负担和校外培训负担的意见》，在减轻学生过重作业负担和校外培训负担的同时，文件明确指出，"大力提升教育教学质量，确保学生在校内学足学好"，由此，"双减"背景下"向课堂要质量"成为当前教育教学改革的重要研究课题。尽管新课改以来，"为学而教""对话教学""自主学习""探究学习"等理念逐渐深入人心，但是长期以来形成的"教师满堂讲、学生满堂听"的课堂教学模式仍然主导着大部分的小学课堂教学，这导致课堂上学生缺少自主学习、合作学习、探究学习的机会，缺少了独立思考、思维拓展的时间和空间。基于此，学校积极探索小学课堂教学的纵深变革，开展小学"让学拓思"课堂教学实施策略研究，努力让每个学生都能享有更加公平更高质量的教育，办好人民满意的教育。

2021年上学期，根据湖南省长沙市雨花区《关于落实"四有"底线标准区域　推进教学转型的通知》要求，将"四有"课堂（有限时、有质疑、有协同、有展评）与我校现有的"让学拓思"生命化课堂（充分让、引导拓思、小组合作学习、互动展评）有机融合，全体教师在实施"让学拓思"生命化课堂建设的同时夯实"四有"课堂底线标准，全面提高课堂教学质量。

2022年新课程标准明确指出，完整的教学活动包括教、学、评三个方面，三者是一致的，共同指向发展学生的学科素养（即课程目标）。全体教师将"教—学—评"一体化理念落实到学科教学中，始终贯穿过程性评价和表现性评价，体现"促进学生学习""评价即学习"。

结合师德项目引领的"最美师德在课堂"活动，进一步深耕"让学拓思"生命化课堂建设，以提升课堂教学质量，促进学生的能力培养。

二、"让学拓思"课堂的含义

结合之前的理论探索，本部分将聚焦实践层面。中观层面提出"三让三拓"（让提问、让探究、让表达；拓角度、拓深度、拓广度）的实践路径。

具体来说，通过让学生自发主动提问，强化学生思维角度的变化；通过让学生自主合作探究，强化学生思维的深度；通过让学生以口头、书面、图画、思维导图、信息技术、小组活动等各种形式来实现各种思维成果的外化表达，从而拓展学生思维的广度。微观层面具体到目标设计、问题设计、信息技术应用、教学组织、评价设计等应用策略。

三、"让学拓思"生命化课堂教学基本流程

"让学拓思"生命化课堂教学流程

图2-2

四、"让学拓思"生命化课堂教学要求

教师应准确把握新课标，用好新教材，构建学习共同体、学习任务群，实现过程性评价与表现性评价有机结合，落实"让学拓思""教—学—评"一体化教学理念。在课堂教学中，教师恰当适度地"让学"，认真倾听，辅以有效、精准的提问引领，通过师生之间、生生之间的互动、合作学习，建立师生、生生"学共体"，全面完成教学内容，教学目标达成度提高；教师

根据教学内容制定评价标准，设计学习活动，并能在重要学习任务中嵌入相应的评价标准，关注学生的个体差异，评价中肯，指向性强，学生参与率高，促使学生在系统的学科学习中，养成思考习惯，增强思维品质，提升思想境界。

（一）体现"让学"理念

"让学"就是指教师在课堂教学中要给学生让时间、让空间、让机会、让活动。让学生亲身经历学习过程，在时间和空间上保证学习活动正常展开和学习行为真实发生。要帮助学生养成良好的学习习惯，掌握科学的学习方法，保持积极的学习状态，掌握充分的自主学习资源，主动参与学习活动的设计和实施。

（二）采取关键措施

1. 合作学习

以2~8人学习小组为单位，合作学习的一般形式为：独学——对学——群学——展示（含展讲及补充）——评价——检测。

合作学习真正让教师与学生、学生与学生成为学习的伙伴，组建起"学习共同体"，让学生学会学习，并有充分表达自己思想和展示思维过程的舞台，让他们在质疑问难、小组合作和讨论交流中获取知识，提升能力。

2. 精准提问

"问题"是"让学"的绳索，所以提问时要注意以下几点：课堂提问不能太大太"整"，要由点到面；提问的难度要贴近学生的认知水平，由浅入深；提问的角度要能够启发学生思维，由表及里。

（三）达到"拓思"目标

"让学"不是教学的根本目的，"拓思"才是教学的重要追求。"让学"以"拓思"为目标，关注学生思维力的发展。从聚焦"表现力"到关注"思维力"，因此，我们认为课堂教学的最终目的就是达到"拓思"：拓展学生思维发展的角度、深度、广度，以唤醒学生的潜能；激发学生开拓创新、自主参与、团结合作的精神，使学生在系统的学科学习中，养成思考习惯，增强思维品质，促进学生的高阶思维发展，提升思想境界。

五、课堂教学实施细则

教师要明确"学习即评价",学习目标即评价目标,评价的内容即教学活动(任务)。教师能依据学段目标与单元目标,设计单元(单篇/单节)学习目标;能对照学习目标,设计相应的评价目标以检测目标达成;依据评价目标设计相应的学习任务(活动),在重要学习任务中嵌入相应的评价标准。以结果和评价为导向,在教学各环节中,能始终将过程性评价与表现性评价有机结合,并制定对应的评价量表,有效促进学生学科核心素养目标的达成,培养学生的思维能力,发展学生的高阶思维。

(一)激趣导课

课堂教学导入要以最少的时间、最快的速度拉近学生与教师、学生与教材的心理距离,使学生尽快进入学习状态,因此导入时间一般应控制在3~5分钟之内。同时,要根据教学目标、教学内容,创设能让学生引起兴趣、与学生原有的认知相吻合的真实情境,激发学生的学习兴趣,启发学生积极的思维活动,明确学习任务,增强学习注意力。

教师也可以根据具体情况展示学习目标导入新课。

(二)互动导学

互动导学的一般方式为:独学——对学——群学——展示(含展讲及补充)——评价——检测。

1. 独学

独学即自学预习阶段,要独立学习,不能打扰别人,可通过"勾画批注"完成对文本的预习,独立完成导学案自主预习部分,对不能解决的问题或者预习时生成的问题记录下来以备在后面的对学和群学环节中加以解决。

独学是培养学习能力的第一步,应始终引导学生自己去思考,去领悟。在课堂上要注意发挥每一个学生的主观能动性,凸显学生的主体地位。

2. 对学

对学指对子(同桌)之间相互交流的过程。首先对子之间就导学案自主预习部分的完成情况交换批阅并加以简单评价,交流解决在自主预习中自己不能解决的问题或者生成的问题,不能解决的留待后面群学中加以解决。

3. 群学

群学即小组合作学习交流阶段。让各个学习小组内部分工，合作探究，各自完成相关任务，充分发挥每个组员的作用。由各小组长负责，组内轮流发言，其他成员要注意倾听、适当记录，相互补充要等别人说完，要学会大胆礼让。同时将在对学中解决不了的问题提出全组内研究解决，对于解决不了的问题在后面的展示环节中大胆提出来全班来解决。

群学是在学生独学、对学的基础上，采取师生互动、生生互动形式对知识点质疑、释疑，让学生就自学过程中的难点或易错点相互讨论、交流。在这个阶段，对疑难问题相互讨论，可以先在小组内部让自学能力强、领悟能力快的学生与同组的其他同学讨论，适当地讲解，让学生在互相帮助的良好心理氛围中完成学习内容，共同达成学习目标。在这一过程中，全班学生人人参与，个个都有锻炼的机会。

4. 展示

展示指将本组研究解决的问题在全班同学中进行分享和提出本组无法解决的问题由全班共同解决的过程。这一环节安排小组轮流展示，一人主讲，其他人补充完善。发言时面向全班同学，语言精练，表述清楚，尽量使用学科语言。发言前可说"我认为""我觉得""我想""我们小组的意见是"等。发完言要说"谢谢大家""谢谢大家与我分享"等。如本组补充不完全，其他小组的成员可以迅速予以补充。在这个环节特别引导学生要学会倾听。

学生在展示交流中有解决不了的问题或错误，就需要教师进行点拨纠偏，答疑解惑。教师要充分利用学生交流和展示的资源，一方面通过激励性的评价和提示，让学生自己解决问题，体验成功；另一方面也要通过示范、点拨、分析、讲解等手段解决问题。既要围绕预设的教学目标和教材重点、难点，也要兼顾动态生成的问题，解答学生的疑惑。点拨过程要力求简洁、透彻、明了。

5. 评价

评价就是对展示及展讲的结果做评判的过程。评价者可以是学生，也可以是老师。评价除了对展示学生的姿态、语言清晰流畅度做评价外，最重要的是从学科角度出发，对展示的思路、知识的运用做深层次的评价。当学生展示问题时，教师要针对实际情况，不能一味鼓励，在明确肯定学生优点的同时，适当指明不足，在不打击学生积极性的同时，科学指导，培养学生的是非观。

（三）检测导结

检测点拨，归纳整理。课堂小结的形式多样，常用的类型有：

1. 知识梳理型

这是最常见的小结方式，教师利用一节课结束前的几分钟，简明扼要地对本节课的内容进行归纳总结。一方面可以让学生回忆所学内容，帮助学生加以梳理，辨清知识之间的联系与区别，加深对知识的掌握与理解；另一方面进一步强调教学重点和难点，以促进其认知结构的建立和完善，从而提高学生运用知识、解决问题的能力。

2. 互动小结型

可先让学生谈感想、比收获，教师加以补充，再谈疑惑，教师解答，然后提建议。这样一节课下来，学生对当堂课内容基本都能消化。这样的小结方式，不仅可以激发学生的求知欲，而且可以培养和发展学生的概括能力。

（四）分层导练

分层导练就是对本节所学知识掌握情况的反馈，便于教师和学生及时了解对本节所学内容的掌握情况。

分层导练要求每位学生独立完成导学案上检测部分的内容，然后在小组内进行交流，对疑惑问题及时予以解决，加以巩固。检测练习要以质胜量，抓住知识的纵横联系，有利于知识向能力的转化。教师尤其要重视设计有层次有梯度的训练题，帮助拓展学生思维，或引导学生自己出题，利用面批、互批、自改、讲评等形式实现当堂达标、当堂反馈、当堂纠正。

六、教师"三阶五格"课堂

在学校"4+X"校本研修模式的基础上，按照参与程度、成长速度，对全体教师进行分层培养，建设不同阶段教师的"三阶五格"课堂，并以此作为常态课堂评价的依据：

表2-1 "三阶五格"评价标准

分层		分层标准	类别
一阶	新任教师	"让学拓思"课堂实践1年及以下的教师	入格课
		"让学拓思"课堂实践2年的教师	合格课
二阶	熟练教师	"让学拓思"课堂实践3年的教师	定格课
		"让学拓思"课堂实践4年的教师	升格课
三阶	骨干教师	"让学拓思"课堂实践5年及以上的教师	风格课

七、结合绩效"多元"评价课堂

（一）学校建立"以课评教"机制

学校创新实施同层同级教师课堂教学同台竞技办法，实施"让学拓思"课堂"三阶五格"评价体系。分层分级进行评价，让相同层级教师在教学中提高参与课堂教学的积极性，增强教师课堂教学的技能技法。

根据教师课堂教学情况评定为合格课、不合格课、跳格课，课堂教学结果纳入月绩效考核。考核标准如下：

（1）合格课不奖也不罚。

（2）不合格课予以处罚，一次不合格予以扣除月绩效20元，累计扣除，直到合格。

（3）跳格课予以一次性奖励月绩效20元（不再核算跳格多少，只负责一次性奖励）。学校安排上各级示范课，直接定为跳格课（研讨课等不算）。

（二）建立"以学评教"机制

每个学期通过学生问卷调查，反馈教师"让学拓思"课堂理念在课堂落实情况，满意率达到80%不奖也不罚，满意率低于80%的扣除考核老师月绩效20元，满意率高于90%的予以月绩效20元奖励。

多元评价课堂组织、课堂效果，结合学校绩效考核，将"让学拓思"课堂建设纳入月绩效、年绩效考核。

深耕"让学拓思"   落实"教—学—评"

——雨花实验小学2024年上学期"让学拓思""三阶五格"课例研讨活动方案

一、活动目标

2024年，为突破学校"让学拓思"生命化课堂建设的瓶颈，准确把握新课标，用好新教材，构建学习共同体、学习任务群，实现过程性评价与表现性评价有机结合，落实"教—学—评"一体化教学理念，结合师德项目引领的"最美师德在课堂"活动，进一步深耕"让学拓思"生命化课堂建设，以提升课堂教学质量，促进学生的能力培养。本学期，继续实施"4+X"校本研修模式，按照参与程度、成长速度，对全体教师进行分层培养，针对教师的关键行为展开研究，建设不同阶段教师的"三阶五格"课堂，并以此作为常态课堂评价的依据。

二、活动对象

学校全体任课教师。

三、活动时间

每周的星期二~星期五。

四、"三阶五格"课堂评价标准

表2–1 "三阶五格"评价标准

分层		分层标准	类别
一阶	新任教师	"让学拓思"课堂实践1年及以下的教师	入格课
		"让学拓思"课堂实践2年的教师	合格课
二阶	熟练教师	"让学拓思"课堂实践3年的教师	定格课
		"让学拓思"课堂实践4年的教师	升格课
三阶	骨干教师	"让学拓思"课堂实践5年及以上的教师	风格课

五、活动安排

时间	工作安排
第二周	春季新进教师及转岗教师"让学拓思"过关课例研讨活动
第三周	一年级语文组"让学拓思"课例研讨活动
第四周	1. 二年级语文组"让学拓思"课例研讨活动
	2. 一年级数学组"让学拓思"课例研讨活动
第五周	2. 二年级数学组"让学拓思"课例研讨活动
	3. 体育组"让学拓思"课例研讨活动
第六周	1. 四年级语文组"让学拓思"课例研讨活动
	2. 三年级数学组"让学拓思"课例研讨活动
	3. 信息学科组"让学拓思"课例研讨活动
第七周	1. 五年级语文组"让学拓思"课例研讨活动
	2. 英语组"让学拓思"课例研讨活动
	3. 美术组"让学拓思"课例研讨活动
第八周	1. 六年级语文组"让学拓思"课例研讨活动
	2. 四年级数学组"让学拓思"课例研讨活动
	3. 科学组"让学拓思"课例研讨活动
第九周	1. 五年级数学组"让学拓思"课例研讨活动
	2. 六年级数学组"让学拓思"课例研讨活动
	3. 道德与法治学科组"让学拓思"课例研讨活动
	4. 音乐组"让学拓思"课例研讨活动

温馨提示：

1. 同时任教两门学科的教师选择主要任教科目参与课例研讨活动。

2. 如果上级部门有学科竞赛活动，将根据情况随时调整课例研讨安排时间。

3. 参与课例研讨的教师授课完毕后，在该周内须提供以下资料上交教研室熊靓老师：该节课例的教学设计、教学课件、教学反思。

示范引领共奋进　青年竞技谱芳华

——2024年下学期雨花实验小学"让学拓思"课堂实施方案（讨论稿）

2023~2024年，我校积极探索课堂改革，在常态化课堂中实施"让学拓思·三阶五格"课堂评价标准，努力开展"让学拓思"课堂教学实施策略研究，取得了丰硕的成果。

本学期，我校将进一步深耕"让学拓思"生命化课堂建设，发挥升格、风格课教师、骨干教师的引领作用，提升入格、合格、定格及青年教师的教学质量，打造一批卓越教师、过关一批青年教师、培养一批骨干教师、整理一批"让学拓思"成果资料。

综上，学校特开展升格、风格、卓越教师范式课，入格、合格、定格、青年教师过关课，骨干教师优质课，构建让学拓思"示范引领共奋进　青年竞技谱芳华"生命化课堂校本研修暨课堂教学探究模式。

一、活动时间

2024年9~12月。

二、活动对象

学校全体任课教师。

三、活动安排

（一）九月：打造一批卓越教师

卓越教师，是学校的教学质量标杆，是引领学科教学的风向标。根据上学期教师"三阶五格"成绩，选定定格、升格、风格教师及区骨干教师作为学校卓越教师队伍。通过开展卓越教师范式课展示、评课等活动，促进教师专业成长，推进骨干教师向卓越迈进；作为学校教学的领军人物，卓越教师发挥他们的示范引领作用，带动整个教师队伍成长，进而推动学校教育质量的整体提升。

上课时间	上课主题	上课地点	上课人员	研讨人员
第二周	六年级提质范式课	录播教室	钟洁、朱漾、谢依依、罗玉红、刘运权、李昕	曾娅丹、王丽、王思雯、吴勇、彭三元、肖环
第三周	一年级养正范式课		李曼、梅问津、周亚洁、张敬、周述、谭文景	曹航英、刘林聪、许莉莉、肖瀚、吴泽星、张红、刘宓灵
第四周	二、三、四、五年级主题范式课		邹莹、向倩、吴思丽、刘旦、李轩、龚郡琳、陈爽宜、	黄梦晓、鲁荣、刘晓东、张晴、廖强、刘艺琴
第四周	其他学科"让学拓思"主题范式课		张婕、谢冬梅、袁娅、颜鲜明、李东方	马新中、刘新群、殷琪、李兰香、罗湘资、彭健、盛妹

备注：
1. 研讨教师需要全程参与听课并进行评课，评课结束后撰写1000字以上评课材料；上课人员需根据研讨教师的意见修改教案。教学反思和教学设计请调好格式发给教研室向倩老师
2. 上课人员和研讨人员交替进行，一学期一轮换。以六年级提质范式课为例，这学期由钟洁等教师上范式课，曾娅丹等教师评课；下学期由曾娅丹等教师上范式课，钟洁等教师评课

（二）十月：过关一批新进教师

通过开展新进教师过关课，帮助近两年新入学校的教师在教学技能、专业知识等方面得到提升，建立起由青年教师向骨干教师发展的梯队成长体系，提升青年教师队伍教学质量。

上课时间	学科	上课主题	上课人员
第六周	全学科	一年级养正过关课	谢雅慧、旷英、曹旋之、谭莹、陈思维、陈聪、刘剑源
第七周	全学科	新进、转学科教师过关课	皮露露、王楠茜、刘丹、钟芊芊、吴澜、游紫胭、黄静怡、邹乐循、杜心宇、张小玉、谢屿、彭佳

（续表）

上课时间	学科	上课主题	上课人员
第八周	语文、数学	三、六年级研讨过关课	李嘉欣、肖颖、杨沂颖、周畅、周晨、唐维、黄蓉
第九周	语文、数学	二、四、五年级青年教师展示课	杨娜、曾婕、姚嘉惠、肖珍、许娟、曾靖、何沿霖、李军明、郭敏、王铭裕、李富有、黄梅、曾妮、胡梦凡
第十周	艺术、综合、体育	其他学科青年教师展示课	程蓉、杜丽萍

备注：此表为2023-2024年新进的青年教师、"三阶五格"成绩为入格、合格的教师。

（三）十一月：培养一批骨干教师

作为扎根我校多年的成熟型教师，他们具备丰富的教学经验和深厚的专业知识，能够提供高水平的教学。通过开展骨干教师公开课，带动其他教师共同进步。

上课时间	学科	上课人员
第十一周	低语	李余悦、侯钰、邓柳、李琴、姚婧、刘媛、陈卓兰、李晶、席赛前、王艳
第十二周	高语	吴森渺、杨祎宁、黄丹、熊靓、金思、罗金、邓佳、唐雅兰、曹力
第十三周	数学	钟玲、何智、王丰琴、唐佳佳、杜舒瑾、周婷婷、马玉枝、李珍、周立军、李思蓓、郑玉玲、李礼、巢灿、刘怡璇
第十四周	艺术、综合、体育	戴紫琦、雷洋、熊辉、丁智勇、罗文峰、李昊翔、李仪、张雨馨、向隆友、杨庆立、佘洋、王丽蔚、彭雁华

备注：此表为2023年以前入校的成熟教师。

（四）十二月·"让学拓思"成果月：整理一批"让学拓思"成果资料

参与上课的教师二次修改自己所上课例，向学校教研室提交优质教学案例；参与评课的教师撰写教学反思，回顾和分析自己的教学方法，根据反思成果资料调整教学策略。

"让学拓思"课堂实施评价考核细则

学校要发展，质量是关键。质量要提升，教师是关键。让教师在课堂上闪光，是学校发展的"正道"。我们将"质量第一"作为办学治校最核心的目标。学校为了"让学拓思"课堂理念真正在课堂落地，应对常态课有质量的老师进行奖励，特制定此考核细则。

一、"以课评教"机制

学校创新实施同层同级教师课堂教学同台竞技办法，实施"让学拓思"课堂"三阶五格"评价体系。

根据教师课堂教学情况评定为合格课、不合格课、跳格课，课堂教学结果纳入年终绩效考核。考核标准如下：

1. 合格课不奖也不罚。

2. 不合格课予以处罚，一次不合格予以扣除年终绩效20元，累计扣除，直到合格。

3. 跳格课予以一次性奖励年终绩效20元（不再核算跳格多少，只负责一次性奖励）。学校安排上各级示范课，直接定为跳格课（研讨课等不算）。

二、"以学评教"机制

每个学期期末组织学生问卷调查，反馈教师"让学拓思"课堂理念在课堂落实情况，满意率达到80%不奖也不罚，满意率低于80%扣除考核教师年终绩效20元，满意率高于90%奖励年终绩效20元。

三、其他

1. 不参加此细则考核人员情况说明：

（1）学校未安排在课堂教学岗位的未上课人员。

（2）因特殊情况（校长批准）未参加学校"三阶五格"过关课活动和未参加学生问卷调查人员。

2. 无故（不经校长批准）不参加学校"三阶五格"过关课活动和无故不参加学生问卷调查人员，每项扣除年终绩效100元。

3. 本考核细则于2023年下学期开始执行，由绩效考核领导小组和学校教师职代会成员负责解释。

4. 此考核细则由教研室负责。

5. 2023年12月25日职代会通过，试行一年。

"让学拓思"课堂"三阶五格"对应表

分层	分层标准	类别	类别
一阶	"让学拓思"课堂实践1年及以下的教师	入格课	2B4C
	"让学拓思"课堂实践2年的教师	合格课	4B2C
二阶	"让学拓思"课堂实践3年的教师	定格课	6B
	"让学拓思"课堂实践4年的教师	升格课	2A4B
三阶	"让学拓思"课堂实践5年及以上的教师	风格课	3A3B

2023年12月25日

附件▶

雨花实验小学"让学拓思"课堂调查问卷（学生）

学科：_____   班级：_____   姓名：_____

亲爱的同学：

你好！首先感谢你对此次问卷调查的支持！

为了"让学拓思"课堂进一步推进，让你更加轻松愉快地学习、健康快乐地成长，并且在学习、成长的过程中学有所成，我们向你做一项调查，希望你把自己最真实的想法告诉我们。谢谢！

2023年12月

1.课堂是否有趣，你是否愿意参加学习活动？

A.是　　　　　　　　B.否

2.老师是否给了让你提问题的机会？

A.是　　　　　　　　B.否

3.课堂中，老师是否开展小组合作学习？

A.是　　　　　　　　B.否

4.课堂中，老师是否给你思考问题的时间？

A.是　　　　　　　　B.否

5.课堂中，是否有同学们的学习展示？

A.是　　　　　　　　B.否

6.课堂中，老师或同学是否对回答问题的同学进行评价？

A.是　　　　　　　　B.否

7.课堂中，老师是否讲得多？

A.是　　　　　　　　B.否

8.课堂中，老师的练习内容是否有分层？

A.是　　　　　　　　B.否

9.课堂中，老师是否对学习内容进行了总结？

A.是　　　　　　　　B.否

10.其他意见或建议：＿＿＿＿＿＿＿＿＿＿＿＿＿＿＿＿＿＿＿

备注：

1.每班抽取10人参与问卷，6人班主任推荐，4人学校随机抽选。

2.一、二年级由学生口答，抽测人员进行标注；三~六年级由学生笔答。

让学拓思，从"根"上破解"双减"难题

——雨花实验小学"让学拓思"课堂实施推进情况汇报

2021年7月24日，中共中央办公厅、国务院办公厅印发《关于进一步减轻义务教育阶段学生作业负担和校外培训负担的意见》，在要求减轻学生过重作业负担和校外培训负担的同时，文件明确指出，"大力提升教育教学质量，确保学生在校内学足学好"。由此，"双减"背景下"向课堂要质量"成为当前教育教学改革的重要研究课题。

一、认知：确立"让学拓思"生命化课堂理念

2017年，我校在全区小学抽测中排名第57名，学校师资力量薄弱（100名教师中，40岁以上老教师21人，教学理念较老旧，习惯"教师满堂讲、学生满堂听"的课堂教学方式；合同制教师45人，临聘教师流动性大、组织教学经验不足）；学生生源60%来自外来务工家庭，学生学习动力不足，自主学习态度、自我学习能力有待改善。

基于此，我校积极探索小学课堂教学的纵深变革，自主申报了生命化课堂项目试点校，确立"让学拓思"生命化课堂理念，成为生命化课改先行者。

国内外有许多与"让学拓思"相契合的理论思想，但"让学拓思"这一概念我们是独创。"让学"就是指教师在课堂教学中要给学生让时间、让空间、让机会、让活动；"拓思"就是要引发、引导、拓展学生的学科思维，让学生在系统的学科学习中，养成思考习惯，增强思维品质，提升思想境界。

二、行动：落地"让学拓思"生命化课堂

（一）怎样落实"规范"

学校提出了"让学拓思"理念后，仅有的《"让学拓思"生命化课堂建设方案》没有起到指导的作用，让我们的课堂依旧是空喊理念，无法落实。

2018年9月，在万淑兰校长的带领下，学校教研室牵头各学科教师开启课堂研究，着手起草"一指一表"：《"让学拓思"生命化课堂教学实施指南》和《"让学拓思"生命化课堂观课量规记载表》。

2018年下学期，六年级、一年级"让学拓思"生命化课堂研讨活动（第一次研修）（一稿）。

2019年2月27日~2月28日（15节课），五年级"让学拓思" 生命化课堂研讨活动（第二次研修）（二稿）。

2019年3月13日~3月14日（15节课），四年级"让学拓思" 生命化课堂研讨活动（第三次研修）。

2019年3月，新进教师"让学拓思"生命化课堂研究（第四次研修）、"让学拓思"生命化课堂 第五次研修教科所指导（三稿）。

"一指一表"的设计确定了"让学拓思"生命化课堂的内涵及实施途径，建设了"激趣导课—互动导学—检测导结—分层导练"的四途径教学流程，为教师的课堂教学指明了方向。

课堂改革实践的这5年里，全校教师共开出712节"让学拓思"研讨课，研讨中我们艰难摸索，不断修改完善"一指一表"，现在大家看见的已经是我们的第八稿了。

"一指一表"的制定在促进生命化课堂规范性、有效性上提供了操作性很强的参考材料。

（二）怎样落实"坚持"

任何事情开始不难，难的是"坚持"！

1. 以"主题研讨"助力"让学拓思"课堂坚持

开展以"让学拓思"为主题的系列化主题研讨活动，一年级"让学拓思"养正课、新进教师"让学拓思"过关课、六年级"让学拓思"提质课、

三年级"让学拓思"小组合作研讨课……"让学拓思"主题式教研课已成学校校本研训常态。

2020~2023年，结合学校校本研训，我校开展了系列化、科学化的研讨活动。全校教师共开出586节"让学拓思"研讨课。

2. 以"四磨一理"落实"让学拓思"课堂坚持，提升教研质量

每年新进教师人数多（2021年秋季32人，2022年秋季30人，合计62人），新入岗位的教师不知道怎样快速驾驭"让学拓思"，导致"让学拓思"课堂无法坚持成为我们的新问题。

针对此问题，我们设计了"四磨一理"集体备课机制，力争让教师能"卷入式"地参与到学科教研中来。

"一磨"：指教师自主解读教材——参阅教学参考、经典案例等材料与同伴进行交流与碰撞，在个人深度思考的基础上拓宽自己设计的思路，实现教师的第一次学习与成长，最终确定一磨教学方案。

"二磨"：重点关注学生课堂上的表现与我们预案的差距。

"三磨""四磨"：将研课的重心放在"让学拓思"的四个方面，全教研组从多角度观察课堂，设计教学。

"一理"：对团队"磨课"历程中出现的问题进行整理、反馈、改进。

"四磨一理"的教研活动方式，把我们学科组成员都"卷入"到活动中来，促进了全学科组教师的共同进步。

学校以《减负提质视域下"让学拓思"教学创新实践研究》申报国家规划课题，此课题作为湖南省210个上报课题中仅有的1个基础教育课题送审参加国家级评选。

以今年的雨花区"生命化"赛课为例，我们取得特等奖2个、一等奖1个，二等奖1个的好成绩（其中3个为新入职不到两年的合同制老师）。

学习可以更好地发生 「让学拓思」课堂教学创新路径探析

让"躺平"的教师站起来

——课堂改革助推教师成长

学校要发展，质量是关键。质量要提升，教师是关键。五年前，学校教学质量处于全区落后位置，从未获得过教学质量奖，教师们几乎都处于"躺平"状态。教师为什么选择"躺平"？究其根源，主要是"不会"和"不愿"。因经验缺乏而"不会"，因机制缺位而"不愿"。在调研的基础上，汇聚集体智慧，结合学校实际，探索实践树立目标、明确路径、科学评价三步走办法，让"躺平"的教师站起来。经过五年努力，学校教学质量已跃居全区前列。现将我校具体做法汇报如下。

一、树立目标，让教师有"站起来"的方向

一是抓实政策学习。学校制定学习制度，每周对上级相关文件进行专题学习，及时解读，在第一时间学懂弄通悟透文件精神和要求，并对学习情况进行测评，让教师明白办学方向、育人方向和个人发展方向。二是凝练课堂目标。以教师为先，让教师在课堂上闪光，是学校发展的"正道"。我们将"质量第一"作为办学治校最核心的目标，提炼了"让学拓思"的课堂理念。"让学"是指教师在课堂上给学生让时间、让机会、让活动；"拓思"是使学生在学习中养成思考习惯、拓展思维能力。

二、明确路径，让教师有"站起来"的方法

一是注重顶层设计，以"一指一表"立标准。五年来，通过观摩、研讨全校教师的712节"让学拓思"课堂，打磨出了《"让学拓思"生命化课堂教学实施指南》和《"让学拓思"生命化课堂观课量规记载表》，教会教师如

何上课和听课，成为全体教师课堂教学的基本标准。

二是注重专家引领，以"课堂实践"强指导。我校与湖南第一师范学院教育学院签订对口研究协议，邀请专家团队五次入校问诊课堂；邀请区教科所9个学科的教研员，入课堂指导106人次，将"让学拓思"理念在全校教师课堂中得到落实。

三是注重校本研修，以"四磨一理"促提升。我校创新实施"四磨一理"逐级晋升校本研修机制，"一磨"指教师个人磨教学设计，"二磨"指学科小组集体听课后磨学生学习效果，"三磨"指专家组听课后磨"让学拓思"理念是否落地，"四磨"指学科小组再次听课后总结评价课堂教学得失。"一理"就是对"磨课"过程中出现的问题及时进行梳理、反馈、改进。

三、科学评价，让教师有"站起来"的动力

（一）细化"三阶五格"标准

我校创新实施同层同级教师课堂教学同台竞技办法，实施"三阶五格"评价体系。"三阶"是将全校教师按教学实践年限进行分层，2年及以下的教师为一阶，3~4年为二阶，5年及以上为三阶。"五格"是对照三阶分层标准，对应为入格课、合格课、定格课、升格课和风格课。分层分级进行评价，让相同层级教师在教学比拼中棋逢对手，碰撞出火花，提高了教师参与课堂教学的积极性，增强了教师课堂教学的技能技法。

（二）强化绩效考核力度

一方面，学校建立"以课评教"机制，根据教师课堂教学情况评定为跳格课、合格课、不合格课，课堂教学结果纳入绩效考核，对不合格课予以处罚、对合格课予以认定、对跳格课予以奖励。本学期，全校119人参与赛课活动，63人跳格，予以绩效奖励；13人不合格，扣除相应绩效。另一方面，建立"以学评教"机制，通过学生问卷调查，反馈教师教育教学情况，满意率达到80%，低于80%的扣除相关绩效，高于90%的予以奖励。

（三）优化分层奖励机制

学校分层设立个人"教研积极分子""教坛新秀"奖；师徒"青蓝工程"奖；学科团队"优秀教研组"奖。根据教师课堂评定结果、教学质量、

校本研修等情况，予以量化评价，不搞"平衡照顾、轮流坐庄"，让教师在"争先进位"中站起来、强起来。

我校通过实施课堂改革三步走，让不会教而"躺平"的教师掌握了会教的方法，让不愿教而"躺平"的教师有了教的动力。我校近两年62名新进教师全部达到合格课水平，5名高级教师因带徒弟出色获"青蓝工程"奖。特别是一位57岁延迟退休的女老师，除任教毕业班语文外，还带出12名徒弟，均成为各年级的引领示范。学校连续5年荣获区"优秀教学质量奖"、区年终考核一等奖。

成绩属于过去，下一步，我校将以本次会议精神为指引，更加务实工作、潜心育人，为我省义务教育高质量发展贡献雨花力量！

实践篇

「让学拓思」教学改革实践路径

成长篇

活动串联课堂

——如何在课堂中落实"让学"

一、背景

在教育的世界里，课堂是学生获取知识、培养思维、锻炼能力的场所。然而，传统的课堂教学模式往往过于注重知识的灌输，而忽略了对学生思考能力的培养。为了改变这一现状，我们提出了"让学拓思"的课堂教学理念，旨在通过课堂活动引发学生的深度思考，激发学生的自主学习能力，从而实现学生综合素养的全面提升。

首先，我们要理解"让学拓思"的内涵。"让学"即让学生成为学习的主人，教师则作为引导者，引导学生主动参与学习过程；"拓思"则是指通过拓展学生的思维广度与深度，培养学生的创新思维和解决问题的能力。这种课堂教学理念强调的是学生的主体性和思考的主动性，使学生在积极参与中获得知识，提升能力。

二、过程

在本课设计中，我设计了三次课堂活动来充分"让学"，通过交流与讨论，培养学生的沟通能力和团队协作精神。

（一）小组合作，感悟特点

本课的教学重点是了解课文是怎样描写火烧云的形状变化的，在传统课堂中，这个知识点往往是通过老师出示句子，分析句子得以概括。在本节课第一次小组活动中，学生通过运用已学的圈画关键词语的方法先自己思考，然后自由交流讨论，在讨论过程中提取出了"火烧云变化多""火烧云变化快"两个特点，教师相机出示句子齐读。由于讨论前学生们已经经过了充分的自我思考，最后小组讨论出结果也是水到渠成。问题设计如下：

先自读第4~6自然段，读完后小组讨论：

①火烧云变成了哪些形状？

②有哪些表示时间变化的词语？

③这部分写出了火烧云形状的什么特点？

（二）小组合作，聚焦第4自然段

仿写是本节课的第二个难点。知其然还要知其所以然，在第一次小组合作后，我紧跟着设计了第二次小组合作。本次小组合作时间较短，学生们需要快速通读文段找到其写作方法。由于在学习本篇课文之前，学生们已经学习了如何抓住动词体会文章描写的生动性，因此，汇报时大部分小组都能达成一致。也有部分小组抓住了时间词，此时，我往往会先给予肯定，然后引导其继续思考。在总结出段落的写法后，下一步就是学生们的实战演练了。问题设计如下：

先自由读第4自然段，边读边圈画，读完后小组讨论：作者是怎样把火烧云变成的马写得那么形象生动的？

（三）我来点评

为了培养学生的批判性思维，进一步加强学生的仿写能力，我安排了第三次小组合作。在仿写结束后，我将评价标准出示在黑板上，做了一个示范，然后放手让学生自由开展小组点评，同时我还要求，组内成员也可以给点评的同学打星，以激励学生规范点评、有理有据，具体如下。

表3-1 我来点评

☆	语句通顺，字迹清晰，表达清楚。
☆☆	用上适当的动词将画面写生动。
☆☆☆	能使用比喻、拟人、排比等修辞手法。
我给他评＿＿颗星，我的理由是＿＿＿＿＿＿＿＿＿＿＿＿＿＿。	

三次小组活动，穿针引线，串联了整个课堂。活动的开展，不仅激发了

学生们的学习热情，也引发了他们的深度思考。例如，在进行小组点评时，学生们自然而然地看到了不同水平的练笔作业，更加直观地感受到了优秀小练笔的特点，进而去讨论和思考"他为什么写得好？""好在哪里？""我的还可以怎样修改？"，等等。这些课堂活动的实施，既增强了学生的学习效果，也培养了学生的思维能力。同时，这种需要学生主动参与的课堂模式也使得师生关系更加亲密和谐。

三、反思

诚然，"让学拓思"的课堂教学理念在实际操作中面临着一些挑战。比如，如何设计出既符合学科特点又能引发学生深度思考的课堂活动？如何平衡知识的传授与思维的培养？如何评价学生的学习效果？

在本次教学设计中，其实也存在一个隐患。在一次上课时，我发现由于学生们学习水平不够高，没有掌握抓动词的阅读方法，有一个小组在规定时间内没有讨论出结果。由此可见，在设计课堂活动时，还是应该考虑到不同学生的水平，应尽量确保每个小组内都有不同层次的学生，能将活动顺利开展。

总的来说，"让学"不仅仅是让时间、让空间，还需要让学生"学会学习"。在新时代的课堂中，教师应当做学生背后的助手，为学生的学习做好保障，设计课堂活动，让学生在活动中思考，成为学习的主人。

让学拓思　有效展示

一、背景

"让学拓思"与"四有课堂"的有机融合，是我校"双减"背景下"向课堂要质量"的生命化课堂建设的蓝本。在这样的课堂教学活动中，量化课堂质量的评价之一就是学生的"展示"环节。此环节是否能落到实处成了每节课是否成功的决定性因素。

了解古诗大意是古诗课的重要内容，大部分的班级会采用四人为一小组合作的形式来进行交流汇报。在交流时，由于个体差异，在小组内进行交流的情况也不大相同，会说的会多说，不会说的不开口，甚至没有好好听；有能力的组长，会借助教师提供的方法引导，反之，直接一个字一个字教。在呈现时，小组会派代表，或者按照安排好的一人一句。形式上看是都会了，可当打破这样的展示后，却并非人人都能说完整。

所以，不流于形式的"让学拓思"，真正有质量的"展示"（即"四有课堂"中的"有展评"），才是生命化课堂真正追求的"展示"。

二、过程

"展示"不仅指向学生的能力，更指向教师的整体教学把控能力。首先，我们要了解"展示"的定义及要求。展示即将本组研究解决的问题与全班同学进行分享，并提出本组无法解决的问题由全班共同解决的过程。这一环节的流程为轮流交流，其他人补充，教师适时点拨。其次，我们教师要做的是明确要解决的问题，给出合作交流的形式要求。

基于以上背景，"展示"要落到实处，就需要掌握行之有效的方法。不同问题，采用不同的合作形式、不同的展示形式。

（一）借助学习支架，合作交流并汇报

在《自相矛盾》的集体备课中，为了最大限度地挖掘学生的思辨能力，设计了三次学习单，从限制学生思考的填空式，到无法体现完整性和严谨性的简易思维单，直至最后开放式的对比表格，让学生将"矛""盾"两者的关系，在"独学"到"群学"的学习过程中厘清，最后上台分享自己的结论。整个过程建立在教师精心备课的基础上，学生的学习成果得益于合适的学习支架。

（二）借助板书荣誉，合作交流并陈述

关于生命化课堂，提高学生的学习积极性和兴趣，一直是其目的。教师经常用丰富的外在形式吸引学生的内在动力。而对于高年级，放手让学生板书，是一种很不错的形式。

在学习《宇宙生命之谜》一文时，学习小组用思维导图的形式来梳理最后一道课后习题，在"独学""对学"后，指名学生上台绘制思维导图，其余学生继续完善。台上的四人便形成了很直观的对照组。——陈述后，有学生反思自己不够简洁，有学生反思自己审题不对，有学生反思自己分析得不够细致，台下学生适时质疑，当台上台下不再是老师和学生，而是学生和学生时，质疑和讨论也变得更大胆。

（三）借助课后合作，分工完成并反思

新课标对学生的能力提出了更高的，也更灵活的要求。而"让学拓思"不仅仅发生在课内，课堂是埋种子的地方，开花结果是在离开课堂后。

在综合性单元的学习中，如五年级下册的《遨游汉字王国》、六年级下册的《难忘小学生活》，都是以小组合作的形式进行展示汇报的。教师活用课堂，引导学生分工，提前按时间写好计划，讨论出任务的明确要求以及重难点如何解决，并进行成果的初步预期，这都是真实的"让学拓思"呈现。学生在成果汇报过程中，有序组织本组的活动，使得学生的综合能力得以有效锻炼。如《遨游汉字学习王国》时，在"规范汉字"环节中，以学习小组为单位，向全班同学发布征集令，征集生活和学习中发现的错别字，再由该组成员进行整理形成课件、手抄报等进行汇报。这个过程涉及号召、交流、整理、制作、汇报等能力。成员最后进行反思，不仅有知识上的收获，还有

经验上的总结。

有了这样的活动为底本，更多的综合性活动便可放手让学生组织，如"诗词大会""词语演绎会""《我爱祖国》演讲大赛""致敬心中的英雄""'得的地'警队入队选拔赛"等。

（四）活用"补充"和"完善"，营造切磋氛围

每节课都有播种的动作，是教师在"让学拓思"中该有的基本内容。无论小组呈现出什么样的展示，教师善于问"有没有补充？""谁来完善？""有不同看法吗？"这些问题，就是提高对展示的要求，更是对"拓思"的播种。

学贵在质疑。人的惰性是常态秉性，所以绝大部分学生都在被动思考的范围内。教师接受这样的现实，并给出具体的指令训练后，会引出不错的质变。就是在小组交流中，学生学会了组员间互问以上这些问题，提高思辨能力，也无形中让思考变得更严谨。这种能力在六年级的口语交际《意见不同怎么办》中能得到很好锻炼，针对"是否能燃放烟花爆竹"，学生以不同身份发表自己的意见，最后得出中肯的可施行的方案。

以上具体方法都有利于帮助学生更高质量地完成"展示"。当然，"四有课堂"中提到的"有展评"，便是有效评价与有效展示相辅相成的产物。在这两年的生命化课堂研究中，学生们初步养成了好的反馈习惯，当然，当有无效反馈的时候，我便会要求重新审题，明确要求，再次进行交流，直到汇报成功，不让交流流于形式。

三、反思

"让学拓思"的课堂是真正以学生的发展为主的课堂，是有学生舞台的课堂。它采用不同的表现形式，结合具体的问题，进行高质量的展示。

基于学生视角，生生互动，是基于学情的具体情况具体分析，更是取长补短的交流过程。有效展示更是放大优缺点的环节。总结成功的经验，汲取失败的教训，是适合心智科学发展的正确途径。

基于教师，钻研教材，备好学情，设计合适的问题和学习支架，是需要进行不断尝试和探索的。只有这样才能真正做到因材施教、因地制宜、教学相长。

穿珠成线，抓住联系

——平面图形的面积整理与复习教学案例

一、背景

复习课不同于练习课，复习的目的在于将所学内容进行系统梳理，将烦琐的知识点串联起来，构建一张清晰的知识网络，提升学生对知识的理解程度。然而现实是，进入总复习后，单调乏味的知识重现、大量的题海战术不仅降低了课堂效率，还使得学生早早对复习丧失了兴趣。那么，到底什么样的复习课才是学生喜欢的呢？

为了让复习课更有针对性，也为了了解学生对平面图形的整体掌握情况和思维困惑点，在上课前，笔者对学生进行了学情前测。通过前测，我们了解到学生对个别平面图形的面积公式混淆不清，是由于他们对于部分公式的推导过程不清楚，因此笔者将本节复习课的重心确定为复习各公式的推导过程，并通过转化的数学思想，厘清图形之间的内在联系。

六年级学生的思维能力虽仍以具体形象思维为主，但其抽象逻辑思维能力已获得了一定的发展。他们已初步具备了主动学习、小组合作学习的能力，有能力将相关知识加以整理，内化整合，形成体系。因此在教学时，我提前布置学生回顾整理平面图形面积的相关知识。

二、过程

（一）拍卖土地，激趣引入

师：某公司想竞拍一块土地，起拍价为每平方米6000元，想要知道大概需要多少钱，我们要算出这块土地的什么呢？

生：面积。

师：土地的形状可能是各种各样的，但无论是什么形状，计算面积时，我们都要运用一些基本的平面图形面积的知识。今天我们就来复习平面图形的面积。

出示课题"平面图形的面积整理和复习"。

（二）分步梳理，引导建构

1.知识回顾

师：什么是面积？（物体表面或围成的平面图形的大小，叫作它们的面积）

小学阶段我们学过哪些平面图形的面积？

（学生口答，教师把平面图形贴到黑板上）

师：面积计算公式你们还记得吗？怎样用字母表示呢？

学生回答后课件显示6个平面图形和它们的面积公式。

2.梳理面积公式的推导过程

师：这些面积公式分别是怎样推导出来的呢？

（1）回忆公式的推导过程。

（2）交流：每个学生从学具袋中任选1~2种图形，和同组学生交流一下面积公式的推导过程。

（3）汇报：

师：哪组先来汇报？

生：长方形面积是采用数格子的方法，把一个长方形分成若干个边长为1的小格子，发现格子数正好就是长和宽的乘积，从而得到长方形的面积。

师：还有哪个图形也用了这种推导方法？（正方形）

师：哪个小组来说说平行四边形？

生：它的面积公式是把平行四边形转化成长方形，再利用长方形的面积公式推导出平行四边形的面积公式。

师：转化，怎么转化呢？能说说你的想法吗？

生：也就是沿平行四边形的一条高剪开后通过平移转化为长方形，长方形的长相当于平行四边形的底，长方形的宽相当于平行四边形的高，从而得出平行四边形的面积是底乘高。

师：为什么沿高剪？（教具演示，沿高剪才能最后拼成长方形）

师：说得真好，我们把这种方法叫作割补法。那么三角形呢？

生：我是把三角形转化成平行四边形。

师：也是转化，能说一下你是怎么转化的吗？

生：我是用两个大小、形状完全一样的三角形拼成一个平行四边形，平行四边形与三角形等底等高，然后利用平行四边形的面积公式推导出来的。最后，我还想强调的是，因为是两个完全相同的图形拼成的平行四边形，所以要除以2。

师：说得很清晰，你们听明白为什么要除以2了吗？（让一个学生说）

师：谁来说说梯形？

生：用两个大小、形状完全一样的梯形拼成一个平行四边形，此时，平行四边形的底等于梯形的上底加下底，高不变。

师：你觉得它的推导过程和谁相似？哪些地方相似？这样的相似导致了什么样的结果？（和三角形相似，都是用两个一样的拼出来的，所以最后都要除以2）

生：我选择的是圆，将一个圆沿一条直径平均分成两半，再把两个半圆都等分成若干份，就拼成一个近似的长方形，长方形的长是圆周的一半，宽是圆的半径，然后用长方形的面积公式推出圆的面积公式。

师小结：你们说得太好了。刚才我发现你们在推导公式的时候都用到了一个重要的思想——转化。这种利用旧知解决新知的方法是数学学习中很常见的方法。

设计意图：由于课前布置了知识梳理的任务，大部分学生对于公式的推导过程能做到心里有数，但也有少部分学生仍然处于一知半解的状态，所以通过小组合作的方式，让会的学生带动不会的学生。在本环节中，学生通过小组合作，交流梳理长方形、平行四边形、三角形面积计算公式的推导过程，不仅能正确说出相关的面积计算公式，还能根据公式的推导过程初步建立起各图形之间的联系，并认识到长方形面积是构建其他平面图形的基础。因此平面图形的面积在学生的头脑中不再是孤立的个体，而是相互依存有联系的整体。学生在小组展示中踊跃发言，并对同学们的提问给予了针对性的回答，学生的语言表达能力得到了充分发展。

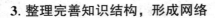

3. 整理完善知识结构，形成网络

师：在小学阶段，我们首先学习的是哪个平面图形的面积呢？

生：长方形。

师：为什么我们先学习长方形的面积呢？

生1：我的意见是，长方形的面积计算公式是基础。

生2：我认为这六种平面图形联系紧密，先学习了长方形的面积计算，才能推导出其他图形的面积计算公式。

师：是的，说明这些平面图形之间是有联系的，你能用带箭头的图把它们的联系表示出来吗？现在请拿出发下的白纸以及图形，按如下要求进行整理：

根据平面图形的面积公式的推导过程，对6种图形进行整理，整理时可以借助线或箭头等符号。整理后能清楚地看出图形面积公式之间的联系。

（1）指名读一读要求。

（2）小组活动，结合推导过程进行梳理，形成网络图。

（3）展示整理结果，贴在黑板上。

教师巡视，收集素材。找出两幅作品，一幅好的，一幅不好的。

师：老师想请你们帮忙当当评委，你们觉得哪幅作品更能体现平面图形之间的关系？

最后学生选择了下图（见图3-1），理由是：正方形的面积是根据长方形的面积推导出来的；平行四边形的面积是根据长方形或正方形的面积推导出来的；圆形的面积是根据长方形的面积推导出来的；三角形和梯形的面积是根据平行四边形的面积推导出来的。

引导学生巧妙记忆：长方形是爷爷辈，正方形、平行四边形、圆形是儿子辈，三角形和梯形是孙子辈。

师：你说得太精彩了！老师把你们的图稍微旋转一下，看，像什么？（一棵树）

图3-1

师：是的，从下往上看，是树的生长过程，也就是公式的推导（板书）过程，从图中可以看出，这棵树的根是长方形，也是学习各种图形的基础；由上往下看，是我们学习的方法——转化（板书）。

设计意图： 在整理完善知识结构这一部分，笔者采用了语文教学中经常使用的思维导图的方法，让学生根据自己的理解，制作出这6种平面图形的关系图，让学生体会数学知识内在的联系，形成知识网络。让学生自己说出关系图制作的原因，也是对知识的一种整理过程，我把学生的联系图稍做改动，变成了黑板上的大树思维导图，让学生体会转化思想在数学中的应用。在制作关系图的过程中，学生的学习热情被激发，他们积极思考并参与制作，在展示作品时，对自己为何这么做进行了大量的说明，学生的逻辑思维能力得到了有效提升。

4. 最通用的公式

师：刚才我们结合推导过程梳理了图形间的关系，有个同学提出了这样一个疑问：这些平面图形中，除了由曲线围成的圆以外，剩下几种图形的面积公式可不可以统一成一种图形的面积公式呢？

生：（独立思考）

师：你们觉得行吗？可以统一成哪个图形的面积公式？

学生可能会有以下几种想法：

生1：长方形，长方形面积是所有图形面积的基础；

生2：平行四边形，其他图形可以通过剪拼转化成平行四边形。

师：我也有自己的想法，大家想知道吗？（课件）看，这是什么图形？（梯形）仔细观察，梯形的上底发生了什么变化？（在变小，最后变成了0，梯形变成三角形了）也就是三角形可以看成一个上底为0的特殊的梯形，再仔细观察，梯形的上底发生什么变化？（慢慢变长，最后上下底一样长了，变成了平行四边形，也就是说平行四边形可以看成一个上下底相等的梯形）那这个呢？（长方形，也可以看成上下底相等的梯形）这个呢？（正方形，可以看成上下底以及高相等的梯形）

由此，我们可以大胆猜想：梯形的面积公式适用于任意长方形、正方形、平行四边形、三角形的面积计算。

验证：以小组为单位，任选一种或两种图形举例验证。

生1展示：我们画了4个图形，先用梯形的面积公式去求每个图形的面积，再利用图形各自的面积公式做验证，发现结果是一样的。

也有学生想到了用字母验证更有普遍性。

师：这真是一个伟大的发现，我们目前所学的平面图形的面积都可以用梯形的面积公式来求。数学就是这样，有些知识也许长相不完全相同，结果却是失散多年的亲兄弟。

师：复习了这么多理论知识，不用就是纸上谈兵，接下来你们有信心接受挑战吗？

设计意图：在这个环节中，学生经历猜想、验证的学习过程，将平面图形的面积除圆形之外都概括成一种图形的面积公式，同时借助课件的动态演示明晰图形变换的过程，了解各图形与梯形之间的内在联系，即每种图形都可以看成符合某种特定条件的梯形。在这个过程中，学生之前模糊的认识逐渐变得清晰、深刻，并且发现了梯形面积公式具有普遍性，感受到了殊途同归的统一美，学生的创造性思维得到有效提升。在此过程中，学生变被动学为主动学，体验了探究成功的快乐。

（三）巩固应用，提升能力

1.求下列各图形的面积。（单位：m）

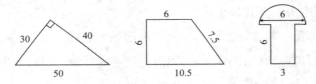

展示错例，让学生找出错误原因，并总结经验。

2. 还记得前面拍卖土地吗？出示土地形状，这个图形的面积计算公式我们没学过，但是能不能把它转化成我们学过的平面图形呢？（用不同方法计算）

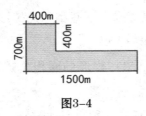

图3-4

教师小结（略）。

设计意图：练习题的第一题抓住了学生的几种常见错误，第二题让教学回归初心，即"数学来源于生活、寓于生活、用于生活"，起到了良好的效果。练习设计既注重基础知识的训练，又注意发展学生的思维能力。使学生清楚地认识到，数学就在我们的身边，数学与生活同在。

三、反思

关于面积公式，学生真正的问题是什么？是记不住？当然不是。学生从三年级开始接触面积以来，面积教学就一直围绕"学公式、用公式"这两个方面进行，大部分学生对面积公式的关注点一直停留在背诵记忆层面，而非理解层面，因此，在实际解题过程中，当学生碰到较单一的图形时，尚能套用既定的公式解题，而一旦图形较多，学生就会出现公式记忆混乱的情况，比如张冠李戴，将此公式套用到彼图形上，或者漏掉除以2这样的细节。归根结底，还是因为对公式的来龙去脉即公式的推导过程不甚理解，所以公式记得不准确。

在本课教学中，总复习不再是知识的简单重复。笔者引导学生根据知识的生成特点及发展脉络，将知识串珠成线，重新组合，形成一张清晰的知识网。学生通过小组合作、猜想、验证等学习方式深入研究，有效沟通协作，思维得到有效提升。同时，在教学过程中，笔者从一而终渗透"转化"思想、"割补"思想，这些数学思想让这些固定的公式动起来。可以看到，笔者设计的一系列问题在此过程中也发挥了巨大的作用，后面的问题通过前面的问题演变而来，是对前一个问题的延续和提升，从而知识间的逻辑关系得以贯通，知识网络得以建构完整。

平面图形面积的复习教学并非特例，在后面的平面图形的周长以及立体图形的体积复习中，我们不妨也像这样，用"转化""割补"等数学思想沟通知识间的联系，将知识结构化、系统化，培养学生结构化思维的意识，提高学生的数学核心素养。

以问为引，以学促思

一、背景

"让学拓思"是构建生命化课堂教学的重要指导思想，通过"让学"充分尊重学生主体地位，"拓思"强调教师引导功能，双管齐下共同构建更加有利于学生知、情、意全面发展的生命化课堂。平均数是小学数学中的一个重要概念，它描述了一组数据的平均水平。在日常生活和工作中，我们经常需要用到平均数的知识来理解和分析问题。本案例旨在通过"让学拓思"的教育方法，帮助学生掌握平均数的概念和计算方法，同时培养他们的逻辑思维和问题解决能力。

二、过程

教学内容概述平均数的定义：一组数据中所有数据之和除以数据的个数。计算方法：通过实际操作或公式进行计算。平均数在生活中的应用举例：平均每天工作时间、平均每班学生人数等。

1. 教学方法与策略

我们将采用以下教学策略来实现"让学拓思"的教学目标，启发式教学：引导学生自行发现和总结平均数的概念及计算方法；项目式学习：设计实际应用情境，让学生运用平均数的知识解决实际问题；合作学习：分组讨论，培养学生的团队协作和沟通能力。

2. 课程活动设计与实施步骤

（1）导入新课：通过日常生活中的例子，引导学生认识到平均数的重要性；

（2）探索新知：组织学生通过实际操作，发现平均数的计算方法；

（3）巩固练习：设计一系列与平均数相关的实际问题，让学生在解决实际问题的过程中加深对平均数概念的理解；

（4）归纳小结：引导学生总结平均数的概念及计算方法，同时回顾他们在探索和解决实际问题的过程中的体会与收获；

（5）布置作业：安排相关练习题，以巩固学生在课堂上学到的知识。

所有活动设计为紧扣我校"让学拓思"生命化课堂的要求，我们灵活调整课堂内容，给学生让时间、让空间、让机会、让活动。在理解"平均数意义"的阶段，我们设计了"3让"。第一"让"：让学生去探讨如何比较两个队的成绩。比总成绩不公平，拿成绩最好的或者最差的比都不合理，从而慢慢领悟到平均数产生的必要性和平均数的一般性。第二"让"：让女生队若增加一人。让女生队增加一个人会怎样呢？集体讨论，体会"个体变化"对"整体"的影响。让出时间和空间，头脑风暴起来！这个问题没有一个固定答案，不同的角度思考可能会得到不一样的答案。第三"让"：让"互学"真实发生。尽管有集体讨论，但是部分学生并不能领悟到这个题目是需要逆向思维的，那么同桌之间交流，就能让学生从同学那里得到启发。通过这些活动，让学生亲身经历学习过程，帮助学生养成良好的学习习惯，掌握科学的学习方法，主动参与学习活动的设计和实施，真正落实各项教学要求。

三、反思

人们在实际生活和各行业中面临的数据越来越多，必须树立用数据的意识，掌握一些分析方法和模型，所以数据分析观念是非常重要的。分析的数据要真实有意义的，不能和学生的生活相距甚远。平均数的学习模式以引入"比赛"情境居多，用比赛的公平性，凸显平均数具有的良好的代表性，体会平均数产生的必要性。比赛情境确实能够吸引学生的注意力，激发探究的兴趣。但实际上，真实的比赛胜负是由赛前制定的规则决定的，比赛后再来讨论算法，反而违背了比赛的公平性。因此，授课教师在课的起始环节选用并改造了北师大版教材中的"记数游戏"情境，由游戏情境引出平均数，以此让学生重现其产生过程。同时，学生的参与也为接下来的数据分析提供了更为丰富的素材。让学生体验到做了同样的事情但收集到的数据可能不同，体验小数据分析的随机性。

通过本案例的实施，我们发现"让学拓思"的教育方法能够有效激发学生的学习兴趣，提高他们的学习主动性和参与度。学生在解决问题的过程中培养了逻辑思维和问题解决能力。此外，他们在合作学习和项目式学习中增强了团队协作精神，学会了互相倾听和表达。在未来的教学中，我们将进一步发挥"让学拓思"方法的优势，结合具体的教学内容和学生特点，设计更加丰富多样的教学活动，促进学生的全面发展。同时，我们也将不断总结经验教训，优化教学方法和策略，为提高教学质量做出贡献。

探究式学习，实现学生学习的真正自主

——以"三角形的面积"教学为例

一、背景

在小学五年级数学教材上学期第五单元《多边形的面积》教学中，对"三角形的面积"这一节课感触颇深。这部分教材是在学生初步认识了长方形、正方形及平行四边形的面积的基础上，尤其是平行四边形面积公式的推导基础上开展的教学活动。结合本班学生的实际和学生已有知识设计教学活动，使他们有更多的操作机会，从猜想、操作、验证到得出结论，再到运用所学知识解决生活中的实际问题，感受数学与现实生活的密切联系，提高学生运用数学知识解决实际问题的潜力，从而提高学生的数学综合素质。

二、过程

1. 假设猜想：展示长方形、正方形、平行四边形、三角形的图片。说出前三种图形的面积的求法，观察猜测三角形的面积会怎样求，该怎样转化推导。

2. 操作验证：根据你的猜想，动手操作验证一下吧。教师巡视指导。

反馈：谁愿意说一说，你是怎样操作的，得到什么样的结论。

根据学生描述得出结论：选两个同样的三角形，将两个三角形颠倒相拼，拼出一个平行四边形，拼得的平行四边形的底是原先三角形底的2倍，高不变，所以，三角形的面积等于底乘高除以2。

3. 继续引导：这个办法怎么样？谁还有不同想法、做法。

生：将三角形的顶角向底边平行对折，再沿折痕剪开，把得到的小三角形沿中间对折再剪开，分别补在剩下图形的两侧，变成一个长方形。三角形的底没变，高缩小了一半，因此，三角形的面积等于底乘高除以2。

师：这个办法怎么样？

生：也很合理。（表扬，祝贺）

师：你还有其他做法吗？

生：把一张三角形纸片的三个角向内对折，变成一个小长方形，得到长方形的长是原先三角形底的一半，宽就是三角形的高的一半，为此，三角形的面积等于小长方形面积的2倍。2倍与其中的一个一半抵消，还剩一个一半。因此，三角形的面积等于底乘高除以2。

师：这个办法怎么样？看来同学们在探究三角形面积的推导时想出的办法还真不少，那么，你感觉哪种办法最好最有创意？

师：无论哪一种，我们都得出了同样的结论，就是——

生：三角形的面积等于底乘高除以2。

4. 共同把这个结论用公式的形式表示出来。

师：谁愿意到黑板面前写一下

生：书写。同学订正。

如果用S表示三角形的面积，用a表示三角形的底，用h表示三角形的高，那么，你会用字母表示三角形的面积公式吗

生：在练习本上书写，师巡视指导反馈，自由到黑板前书写。同学订正。

5. 公式的运用：要想计算一个三角形的面积，需要明白哪些条件？

生：三角形的底和高。

师：那么，我们应用三角形的面积公式计算一些题好吗？

（学生独立完成课本中试一试题目。）

6. 小结：其实，生活中有很多问题能够运用三角形的面积公式来求出，让我们共同走进生活，解决一些生活中的问题。

（教师课件展示题目）

生：独立或与同学合作研究完成。

总结：透过这节课的学习，你有什么收获？

三、反思

三角形的面积是一节常规性的课，关于这节课的教案不少，课我也听了不少，如何体现观念更新，基础要实，思维要活，我觉得以往教师们对教材的把握与处理、对课堂的设计以及处理都很不错，而这节课让我感触很深：

（一）突破传统教学模式，思路独特新颖

传统教学的种种封闭压抑了学生个性的发展，学生迫切需要一种展现自我、发展个性的体验式学习。以前的教学改革，大多停留在数学学科层面上，往往比较注重将教科书上的知识教给学生。在教学中。往往是教师清楚要教什么、为什么这样教和怎样教，学生却不明白自己要学什么、为什么学和怎样学。学生的学习缺少方向，缺少动力，缺少方法，他们学习的主动性、创造性很难得到发挥。因此，当前教育改革的重点应是以教师教学方式的转变来促进学生学习方式的转变，从而更好地促进学生的主体性发展。教师把整个学习过程下放给学生，让学生小组合作，全员参与，共同探究，由感性认识上升到理性认识，让学生参与知识获得的全过程。

（二）让探究式学习具有必需的开放度

探究式学习要不受任何人的约束，要有必需的开放度。在这一环节中，教师注重教材的开放性和思考性，让学生有自主选取的权利和广阔的思维空间，如教师给一些具有代表性的材料，让学生通过猜想、操作、验证等一系列的活动，在相互交流的过程中，理解三角形的面积公式。学生在操作活动中展现了自我，方法多样且独特，是以往教学所没有的，实在是妙不可言。它既渗透了集合的思想，有助于学生空间观念的建立，也让学生看到了数学知识与生活的联系，感悟了生活中的数学。

（三）建立新型民主的师生关系

教师遵循儿童学习规律的同时，创造性地处理教材。在这个教学过程中教师找准学生的认知的起点，以几个图形图片为切入口，让学生观察、猜想、动手操作、折一折、剪一剪、分一分、补一补等，在这些过程中，教师以学生为主体，让学生自主探索。教师尊重学生，发扬教学民主。学生在小组合作时用心主动地参与和探讨、质疑、创造，并逐步完成对知识的理解和深化，充分发挥学生的主体作用，较好地体现了教师是学习的组织者、引导

者、合作者和共同的研究者，使学生到达对知识的深层理解，还培养了他们敢于探索、勇于创新的精神。亲历探究发现的过程，已不是一种获取知识的手段，而是教学的重要目的。教师只有创造性地教，学生才能创造性地学。

从上述案例中，我们不难发现，学生学习方式的转变关键在于教师。教师要不断更新教学观念，真正树立以学生为主体的教学理念，相信学生，给学生充分的探究思维的空间，以发挥学生学习的自主性、创造性。

"让学拓思" 理念与探究性实验教学有机融合

——《种子发芽需要什么条件》

一、背景

本节是以探究性实验教学模式为契机的，根据教学目标，通过学生讨论，通过提出问题——实验猜测——设计实验——进行实验——验证推测的途径，充分尊重学生自主探究，让时间、让空间、让机会，很好地落实了本节课的教学目的，培养了学生自主探究科学问题和小组合作的精神，同时培养了学生用实验来论证的思想，拓展了学生的思维，从而达到学习科学并运用科学解决实际问题的目的。

为了更好地发挥学生自主探究能力，本节课主要是让学生们自己讨论并参考书本上的对话和图解来设计如何做实验，然后教师给予适当引导，从而使师生共同进入教学情境，营造和谐、民主、轻松的探究学习气氛。

本课的引入从谈话开始，通过对植物的一生从种子开始，提问它的发芽需要什么引入，学生会很快说出土壤、水分、空气、温度、阳光等条件。教师再给予分析与指导，帮助学生得出种子发芽的必需条件是水分、空气和适宜的温度。通过选择一个研究对象设计对照实验，并进行实验，同时强调学生要观察和记录。

二、过程

师：植物的一生是从种子开始的，那么种子发芽需要什么条件？

（教师让学生讨论绿豆种子发芽到底需要什么条件。）

生：讨论种子发芽需要哪些条件，学生会讨论出需要土壤、水分、空气、温度、阳光等条件。

师：那么请大家依据经验猜测绿豆种子发芽必需的条件。

生：绿豆种子发芽必需的条件有水分、空气和适宜的温度。

师：为了探究种子发芽需要的条件，首先我们选择一个研究条件，那么选择什么？

生：充分讨论之后可能会选择水分，可能会选择适宜的温度，也可能会选择空气。

师：这里我们选择水分为研究对象，请学生讨论怎么进行实验。

生：通过小组讨论确定实验设计方案，并写出实验计划。

实验计划

提出问题：绿豆种子发芽必须需要水吗？

推　　测：绿豆种子发芽必须需要水。

两个组相同的条件：温度，空气，各三粒大小相同的绿豆种子。

两个组不同的条件：水。

实验方法：实验分两组，一组种子有水，保持湿润为实验组；一组没有水，保持干燥为对照组，这个实验至少要有两组同时进行。

首先让学生用放大镜观察种子，观测它们的大小，让学生记录它们的大小，并用适当的词汇描述。

下面来指导学生实验：

准备好实验所需的材料，想清楚操作方法。步骤：①首先准备两个不漏水的盒子。②在两个盒子内垫纸巾并按三个洞。③在纸巾上各放三粒绿豆种子。④向一个纸巾上滴水，另一个不滴水。⑤最后给它们制作编号，坚持每天观察种子的变化，把自己的发现记录下来。

三、反思

探究式教学的关键是问题的提出，再用实验去验证。而问题能否由学生自己提出极为重要，这比教师提出问题要好得多，这与我校"让学拓思"理念不谋而合。作为一名教师，应该努力为学生营造一种和谐、民主、自由的学习环境，适当地对他们进行鼓励，及时地肯定他们正确的哪怕是点滴发现。

探究式教学的对象是学生，他们是探究的主人，而教师只是个引路人。探究式教学是针对全体的学生，而不是个别学生，因此在教学过程中应该给予每个学生参与探究和发表意见的权利，发挥他们的聪明才智，只有充分地"让学"，才能充分地"拓思"，让他们爱上科学课，全身心投入科学课中来，逐步培养学习科学、热爱科学、探究科学的情操。

在探究学习过程中，要强调合作精神。合作是探究的基础，相互合作与讨论可以互相学习，听取别人的意见和想法，不断提升自己的思维和逻辑能力，为进一步学习科学、探究科学打下基础。

音乐课律动教学

——引导学生从体验到创新的探索

一、背景

音乐教育是培养学生综合素质的重要组成部分，它对于学生的审美观念、情感表达和创造力的发展具有不可替代的作用。然而，在实际的音乐课教学中，许多教师面临着诸多挑战。本文将通过一个真实的教学案例，探讨音乐课律动教学的有效策略和方法。

二、过程

为了让学生更好地感受音乐的节奏和韵律，我开展了一次律动教学的实践。我选择了一首具有鲜明节奏感的歌曲《小苹果》作为教材，并设计了一系列有趣的律动活动。

首先，我在课堂上播放了《小苹果》这首歌曲，让学生感受音乐的节奏和韵律。我引导学生通过拍手、跺脚、摇摆身体等简单的动作来跟随音乐的节奏进行律动。学生们非常兴奋，纷纷参与到律动活动中。

其次，我将学生分成几个小组，每个小组的学生共同创作一个简单的舞蹈动作。学生们通过讨论和尝试，创作出许多有趣的舞蹈动作。然后，我让学生们将这些动作组合起来，形成一个完整的舞蹈。

最后，每个小组的学生都展示了自己创作的舞蹈。他们非常自豪地表演了自己的作品，其他学生也给予了热烈的掌声和赞美。我对学生的表现给予了肯定和鼓励，同时也针对舞蹈动作的规范性和节奏感等方面进行了指导。

三、反思

通过这次教学实践，学生对音乐的节奏和韵律有了更深入的理解，他们的学习兴趣和积极性也得到了显著提高。同时，我也认识到了律动教学在音乐教学中的重要作用，以及教师在教学中需要关注学生的兴趣和需求。

首先，选取适合的教材是进行律动教学的前提。我选择了一首节奏感强烈的歌曲《小苹果》，符合学生的兴趣和认知水平。通过这首歌曲，我引导学生感受音乐的节奏和韵律，激发他们的学习兴趣。因此，教师在选择教材时应该充分考虑学生的年龄、兴趣和认知水平等因素，选择适合他们的音乐作品。

其次，设计多样化的律动活动是进行律动教学的关键。我设计了一系列有趣的律动活动，包括拍手、跺脚、摇摆身体等，让学生通过身体动作来表达对音乐的感受。这些活动不仅让学生更好地感受音乐的节奏和韵律，还激发了他们的创造力和表现力。因此，教师在设计律动活动时应该注重活动的多样性和趣味性，让学生积极参与其中。

最后，营造积极的课堂氛围是进行律动教学的保障。我注重营造积极的课堂氛围，鼓励学生积极参与律动活动。我运用激励性语言和奖励机制，激发学生的自信心和学习动力。因此，教师在教学中应该注重营造积极的课堂氛围，让学生感受到学习的快乐和成就感。

综上所述，律动教学在音乐教学中具有重要意义。通过选取适合的教材、设计多样化的律动活动和营造积极的课堂氛围等策略和方法，教师可以有效地进行律动教学，提高学生的音乐素养和综合素质。

"让学拓思"生命化课堂的单元主题教学实践

——以《探秘铜官窑》为例

一、背景

《探秘铜官窑》作为一项"让学拓思"生命化课堂的单元主题教学实践，旨在通过让学生深入了解铜官窑的历史文化，掌握其器型、釉色、纹饰的特点，并能够运用这些艺术特点进行创作，以此实现对学生审美素养和创新意识的培养。在完善《探秘铜官窑》单元设计思路时，我们应更深入地贯彻"让学"理念，将其充分体现在课程的每个环节，通过采取合作学习和精准提问等措施促进学生的思维发展，达到"拓思"目标。本研究通过对教学设计的思路、目标、内容、过程和反思的探讨，为同类教学实践提供参考和借鉴。

二、过程

（一）教学前期准备

教师收到一个神秘快递盒子，里面装有碎瓷片。教师将这些碎瓷片展示给学生，并讲述黑石号沉船的故事，以及铜官窑的历史背景。同时，教师准备相关资料和视频，以便在课堂上进行教学。

（二）教学主题导入

教师播放一段关于铜官窑的介绍视频，引导学生关注铜官窑的历史和文化背景。学生通过观看视频，对铜官窑产生兴趣。视频内容包括铜官窑的起源、发展、器型、纹饰等方面。

（三）自主学习环节

学生分组进行自主学习。每组学生打开信封袋，取出碎瓷片模型，然后在黄色卡纸上进行拼摆，最后将碎瓷片模型粘贴在卡纸上进行复原。这个过程中，学生需要合作、沟通，培养动手能力和观察力。教师在这一过程中提供必要的指导。

（四）闯关学习环节

设置三个闯关任务，分别是修复厅、器型厅和纹饰厅。

修复厅：学生合作复原瓷器模型，培养动手能力和观察力。教师引导学生思考如何修复瓷器，以及修复过程中需要注意的问题。学生通过观察碎瓷片，分析其结构，并尝试将碎片拼接在一起。

器型厅：学生辨认瓷器类型，了解不同器物的造型特点和用途。教师展示更多铜官窑瓷器图片，引导学生观察和分析。学生通过观察和对比，学习识别不同器型的特点。

纹饰厅：学生欣赏和分析瓷器纹饰，了解纹饰的多样性和文化意义。教师引导学生观察修复的瓷器上的纹饰，并与学生分享纹饰背后的故事。学生通过观察和讨论，了解纹饰的符号意义和文化内涵。

（五）拓展延伸环节

通过视频欣赏和讨论，让学生了解非遗传承人背后的故事，感受铜官窑的文化传承。教师引导学生思考如何将所学知识应用到实际生活中，以及如何传承和发扬铜官窑文化。视频内容可以包括非遗传承人的采访、制作过程和心得分享。

（六）教学延伸

预告下一节课的内容，激发学生对非遗文化传承的兴趣和参与热情。教师提出问题，引导学生思考下一节课的学习方向。例如，教师可以提问："下一节课我们将深入学习铜官窑的纹饰设计，你们认为纹饰在瓷器中扮演着怎样的角色？你们对哪些纹饰感兴趣？"

三、反思

在回顾《探秘铜官窑》这节课的教学实践时，我意识到教学过程中既有成功之处，也有需要改进的地方。

课程的设计理念是建立在对学生认知发展水平充分了解的基础上的。通过课前的资料收集和活动中的初识铜官窑，学生对铜官窑有了基本的了解。在课程的主体部分，我运用了碎瓷片这一教学媒介，成功地激发了学生的兴趣和探究欲望。通过复原瓷器的活动，学生能够从器型和纹样两个角度深入欣赏铜官窑的艺术价值，这一过程不仅让学生感受到了古人的智慧，也提升了他们的审美鉴赏能力。

然而，我也注意到了一些不足。由于无法实地带领学生前往博物馆，他们在素材收集方面受到了限制，这可能影响他们在课程中的体验感。为了弥补这一缺陷，我计划在未来的教学中尝试使用虚拟现实技术，让学生仿佛置身于博物馆之中，或者邀请博物馆的专业人员来校举办讲座，以此丰富学生的学习体验。

此外，在纹饰设计的评价环节，我认识到需要引导学生聚焦于铜官窑瓷器的特点，进行深入的分析和评价，以确保他们能够全面理解铜官窑的艺术价值。同时，我也需要鼓励学生在评价过程中积极表达自己的看法，以培养他们的批判性思维能力。

最后，我认识到教学的更深层次目的是唤起学生对中国传统文化的关注、热爱和传承之情，增强他们的文化自信。因此，在未来的教学实践中，我将更加注重引导学生从情感层面与铜官窑文化建立联系，并运用多样化的教学手段和活动，让学生在欣赏和评述的过程中自然地生发出对中国文化的自豪感和使命感。通过这样的教学实践，我希望能够培养出具有文化意识和创造力的学生，为他们的全面发展奠定坚实的基础。

真情境　真故事　真人物

——"让学拓思"生命化课堂小学美术人物画教学策略

一、背景

在人物画传统教学中，部分美术教师仅仅只是提供一张图片，让学生根据自己的想象去完成人物画的创作，其本意是好的，不让学生感到拘束，试图让学生在创作中得到想象力的提升，但这也忽略了学生的实际情况。小学阶段的学生缺乏足够的见识，思维能力也较为薄弱，很难根据一张简单的图片进行创作，这种教学方式内容空泛，流于形式，无法取得足够的教学效果，使学生人物画的创作变得艰难，最终结果也只是徒有其形，而无其意，阻碍了学生的艺术发展，成为学生成长路上的绊脚石。如何在美术课堂搭建合适的学习支架，引导学生将人物画出神采，画出特点，笔者进行了一些小小尝试。

二、核心素养下小学美术人物画教学的策略

（一）真情境——建设真实情景，领悟绘画真谛

想要创作出优质的人物画，自身的创作水平固然重要，但是对于小学生来说，创作环境也十分重要。创作水平，美术教师在日常教学中可以帮助学生提升，而创作环境的创设就需要教师多费工夫，美术教师可以通过创建相关情境，让学生在相真实的情境中去感悟人物的思想神态和行为活动，这有助于学生领悟绘画的真谛，从而提升自身的艺术创作能力。

在湘教版小学美术六年级上册《劳动最光荣》教学中，第一课时这样安排教学任务：欣赏与劳动相关的名画、网络视频和图片，帮助学生回忆劳动

的场景，分享劳动故事，体会劳动的收获和乐趣，并讨论书中动态线和人物结构的相关理论知识。第二课时学习任务：课堂前10分钟劳动，后10分钟分享经验，最后20分钟创作，给足学生体验时间和探究的空间。学生们扫地、搬凳子、擦玻璃、黑板、整理图书角……经过真实劳动体验，学生分享对于劳动人物动态线和人物结构的理解，各抒己见。讨论完毕后，把自身的劳动体验绘于纸上，此时笔下的人物宛如一个个鲜活的劳动者。这一节课的学习，教师帮助学生建立了真实的学习情境。学生在真实的劳动环境中，不仅学习人物绘画的相关理论知识，更明白了劳动的意义和对所有劳动人民的赞美，正好印证了那句话："纸上得来终觉浅，绝知此事要躬行。"

图3-6

（二）真故事——画人物故事，创作所思所想

小学的人物画创作还会经常出现另一种情况：人物散乱出现在画面中，没有目的，画面的主题也不明确，读者不能理解画面的主题思想和想表达什么。如果学生在创作人物画时，用"画故事"的方式塑造人物形象，则会有意想不到的收获。

①　　　②　　　③　　　④

图3-7

⑤

图3-8

　　图中①号小女孩我们读取不到什么有用的信息，只能看出是一个穿蓝色服装的小女孩。②号小女孩，我们会关注小女孩开心的表情，揣摩小女孩开心原因。③号小女孩，我们能够从小女孩手舞足蹈的肢体动作中体会小女孩十分开心，却依旧不明白开心的原因。④号小女孩手舞足蹈地展示自己考试得了100分的试卷，开心极了。看到这里似乎明白了，一个生动的人物如何表现呢？是一个丰富的表情？还是一个夸张的动作？都不是，应该是一个有趣的故事。图⑤取自四年级六位同学的两幅作品对比，第一列是命题：画自己，第二列命题：画自己的故事，可以看出，学生为了表现自己的故事，会按照自己的故事需求对人物和环境展开塑造，这是学生为了表达自己想法的主动行为，具有很强的表现力和行动力，是学生创作过程中最有效的动力源泉。这个画故事的方法，有一种"为了画好人，但是却字字不提画人的意味"。用画故事的方法塑造人物形象，非常生动，在表现故事的同时潜移默化地激发学生创造活力。

　　（三）真人物——走近人物故事，表达真实感受

①　　　　　　　　　　②

图3-9

　　根据故事为人物添加合适的环境和道具，更能烘托情境，突出人物的真实内心感受。在图3-9中，图①画面表达的是这样的故事：明亮月光下一个

平静的晚上，天空中悠悠地挂着几颗星星，而画中妈妈的心情却是十分不平静，因为自己的孩子走丢，眼里泛着泪光，十分紧张和焦急地拨打110电话，警车出警的画面。整个画面的氛围烘托得十分出色，妈妈因为孩子走丢的激动心情似乎都影响着读者，看到这幅画的读者内心都在为这位妈妈而担心和着急。图②画面表达的是一个滑稽幽默的故事：天空中下着小雨，行人在路上走着，路上出现了一个水坑，前面的行人摔进水坑，爬出来一身泥巴，扒拉着脸继续往前走去，后面的行人一不小心又摔进水坑。路边的小花仿佛都在哈哈笑着，读者看完都忍不住偷笑，多么真实的感受啊！

评价成人或者艺术家人物题材的绘画，人物的逼真传神，气韵生动、形神兼备或作品能反映出一定的社会现象，引人触动产生共鸣是重要的考量因素。而小孩子画人物，考量的标准是不一样的，要注重培养兴趣和学生的美术素养，画中的人物能表达出自己的想法即可，要避免在学习中陷入"像不像""好不好看"等误区，而用画故事的方式来表现人物画是一种不错的方法。

三、反思

人物画是小学美术教学的重要内容之一，可以培养学生的临摹技巧、观察能力、创新能力，增强学生的艺术表现，并让学生在创作中提升思维和审美能力，对学生的未来成长有着重要作用。同时，美术教师作为学生艺术创作领域的引导者，自身需要有过硬的美术素养和教学能力，这样才能在教学中增强学生的审美素养。优秀的美术教师可以从细微处显著培养学生的艺术创作能力，并能够传授给学生各种创作技巧，使学生的创作能力得到提高，以此保障学生的艺术发展。对于教学中出现的问题，教师要积极为学生创建真实场景，转变创作思维，聚焦学生表现力、关注思维力、强化美术能力，以便更好地教导学生人物画创作，为学生的审美发展提供重要助力。

立足课堂，回到生命的原点

——雨花实验小学"让学拓思"生命化课堂初探

好的教育就是要生命走向幸福与完整。生命是教育的原点。课堂作为教育的主阵地，承载的是发展生命、成全生命的重任。在"让学拓思"生命化课堂，学生站在课堂的正中央，教师改变站位，促进学习活动真正地发生。

2014年7月，雨花区教育局出台了《关于开展雨花区中小学校生命教育的实施意见（试行）》，把"生命教育"作为深化学校教育教学改革的基础工程，实施途径的第一条，就是构建"生命化课堂"。

2014年年底，28所生命化课堂项目试点校，成为实践的先行者。

2016年，雨花实验小学成为生命化课堂点校泰禹小学的同盟校，参与到生命化课堂活动。由于实际校情的不同，泰禹小学的课堂模式以及教研模式并不适用于雨花实验小学。基于这个原因，2018年5月，雨花实验小学自主申报试点校，确定了"让学拓思"生命化课堂的研究方向。从立项至今，雨花实验小学开始了一系列的探索。以语文课堂教学探索为例，"让学拓思"生命化课堂在以下几点取得了一定的效果。

一、尊重生命个体，充分"让学"

课堂是教学的主阵地，教师与学生都是在课堂中成长起来的。"让学拓思"生命化课堂，立足课堂，旨在改变传统的课堂思维定式，改变教师在课堂的站位，使教师成为情境创设者、条件提供者、课堂组织者、思维的启发者以及学生学习的鼓励者、支持者、保障者，让学习真正发生。

以我校教师执教的五年级下册选读课文《孔明智退司马懿》一课为例。结合学校的"让学拓思"生命化课堂理念，教师在教学设计中凸显了"让学"与"拓思"的特点。《孔明智退司马懿》是一篇古白话文，有些词义比较难理解，文章读起来比较拗口。根据课文的特点，教师在课前预习环节，围绕课文内容设计了一张预学单。预学单涉及字词、句、故事内容概述、提出有价值的问题等多方面。另外，教师为了让学生对故事中的人物有进一步的了解，做了一个资料袋，补充课文内容。上课时，学生以6人为一小组围坐在一起，设立组长，主持并组织成员有序开展各项学习活动。

上课伊始，教师从单元主题的巩固与复习（单元课文内容的简要回顾）引入到课文的学习，进而从课题入手，帮助学生厘清故事中的主要人物——孔明、司马懿。随后，预学检测环节，小组合作学习，学生先在组内进行自主学习，通过交流学习字、词的方法，自主梳理，最后派代表在班级进行交流。通过这种方式，再次构建课堂字词的学习模式，教师注重引导学生对学习方法进行自我总结与梳理。在解决了难读句子的基础上，学生通读全文，概述课文的主要内容。教师以"学贵有疑""小疑则小进，大疑则大进"肯定了学生的质疑精神，随之出示了学生提出的问题。根据统计，学生围绕课题、故事内容等方面提出了120多个问题。教师对这120多个问题进行分类整理、分层梳理、同类提炼，最终总结出了四个关键的、最具代表性的问题，指向课文学习的重点与难点。教师的教学设计的问题线便从中产生了。当问题出示在大屏幕上的时候，学生们明白了：问题从文本中来，解决问题，仍需回到文本中去。小组合作学习的过程中，教师起到的作用不容忽视：在倾听小组成员发言后，教师要能有针对性地点拨，注重动态生成、注重学习方法的总结与迁移——解决问题，可以从文本中找到原句，也可以在原文的基础上进行提炼，帮助他们建立小组的语言模式，促进思维的发展。

预学时的独学，是课堂教学活动开展的基础。通过学生的独学，培养学生的自学能力、解决问题的能力、质疑能力等。在课堂中，学生分成若干学习小组，由学习组长带领，按照学习单上的不同环节进行学习。在探究解疑的过程中，每个小组选择自己感兴趣的一两个问题，集中精力去探究、去解决。学生通过回到文本中找句子、读句子、找关键词、说体会等方式充分感受孔明"沉着冷静、巧妙布置、料事如神"的智者形象。

课堂教学活动中，学生的独学、对学、群学等方式相互交替，进一步落实了互动导学的策略，提升了学习共同体的有效性。教师也在教学活动中得到了成长。如教师在充分利用学生交流和展示的资源的基础上，一方面通过激励性的评价和提示，让学生自己解决问题，体验成功；另一方面也要通过示范、点拨、分析、讲解等手段解决问题。既要围绕预设的教学目标和教材重点、难点，也要兼顾动态生成的问题，解释学生的疑惑。点拨过程要力求简洁、透彻、明了。

由此可见，教师不再是学习活动的中心，学生的一系列学习活动均基于他们自身的学习需求。所有的教学环节都是以学生的自主学习为中心，教师始终是站在学生的身后，作为他们探究解疑活动中的一个推手，遇到难以解决的问题，适时提示；在他们的讨论有亮点时，及时肯定。教师尊重学生的个性发展，师生全身心投入，善于倾听，积极领会，通过有效的反馈和评价，不断优化教学过程的双向交流，构建和谐而温暖的课堂氛围。

在整个教学过程中，教师充分地体现了"让学"——把课堂主动权"让"给学生，让时间、让空间、让机会、让活动。问题让学生主动提；见解让学生自由讲；重难点让学生充分议；思路让学生自己悟；规律让学生反复找；总结让学生慢慢说。让学生亲身经历学习过程，在时间和空间上保证学习活动正常展开和学习行为真实发生。

二、立足教学原点，分层导练

课堂上，教师应以"学"为中心，以"导"为基本策略，以"让学拓思"为核心主张，力求建设"好操作，有实效"的生命化课堂，为学生的健康成长与终身幸福奠定基础。

课堂的原点，在于教学目标在课堂的落地。立足课堂，有的放矢地进行分层导练，即对本节课所学知识掌握情况做好反馈，便于教师和学生及时了解对本节课所学内容的掌握情况。每位学生独立完成导学案上检测部分的内容，然后在小组内进行交流，对问题及时予以解决，加以巩固。教师在设计检测练习时要注重以质取胜，抓住知识的纵横联系，有利于知识向能力的转化。尤其要重视设计有层次有梯度的训练题，帮助拓展学生思维，或引导学生自己出题，利用面批、互批、自改、讲评等形式实现当堂达标、当堂反馈、当堂矫正。

在我校六年级"让学拓思"生命化课堂体制研讨课上，李老师执教《索溪峪的"野"》一课。教师的预习展示设计（讲述自己所了解到的索溪峪）给了学生交流的平台，合作探究环节通过小组读——讨论问题——朗读训练——小组展示，逐一解决了本课的重难点。课堂教学活动中最出彩的就是达标检测环节。如帮助学生理解"野"。教师出示了"野"在字典里的义项（《现代汉语词典》第七版）：

（1）野外；

（2）界限；

（3）指不当政的地位；

（4）属性词，不是人工饲养或培植的；

（5）不受约束的；

（6）粗鲁没礼貌的，蛮横不讲理的。

要求学生联系课文内容，说说"野"在下面句子中的具体含义。

A. 索溪峪的山，是天然的美，是野性的美。（　　）

B. 平生没走过这么"野"的路！（　　）

C. 山上的野物当然更是"野"性十足了。（　　）

D. 我们也渐渐变得"野"了起来。（　　）

在这里，教师既检测了学生对课文内容的掌握情况，又拓展了学生的学习范围。

又如在四年级"让学拓思"研讨课中，四年级两位教师同课异构执教略读课文《黄河是怎样变化的》一课。两位教师均在教学活动中设计了大量的练习检测环节。学生合作探究的三个问题均来自学生的预学质疑：黄河发生了哪些变化？黄河变化的原因是什么？如何治理黄河？在这三个环节中，教师均嵌入了相应的练习。如选择黄河变化的原因，并讲清选择的理由。通过分层练习的设计，一方面突破了课文的重难点，另一方面也对已有课文知识进行了拓展。

三、注重课中延展，无限"拓思"

"拓思"就是要引发、引导、拓展学生思考，在形式和本质上保证学生大脑处于积极的思维状态。从聚焦表现力到关注思维力，使学生在系统的学科学习中，养成思考习惯，增强思维品质，提升学科思想素养。

在学校的"让学拓思"研讨课例中，课中的延展、课后的"拓思"都做得十分充分。当然，"拓思"的方式根据课型进行自主设计，有拓展阅读的，也有课文内容的延展。

如《孔明智退司马懿》一课，教师在最后设计了课外促读——再读经典的环节。推荐学生再读《三国演义》，去领略更多人物的英雄本色，尽量读原著，真正地去亲近经典，感受经典的魅力；有兴趣的，还可以去读另外的三本古典名著——《西游记》《水浒传》《红楼梦》，呼应了单元学习的主题。

《全神贯注》一课，教师设计了经典推荐环节——阅读名家的传记，去感受名人的风采。

《黄河是怎样变化的》一课，教师紧扣课文内容设计了这样的环节：习爷爷说："绿水青山就是金山银山。"如何去告诉人们要爱护黄河呢？请学生进行小组合作，设计一则保护黄河的公益宣传语。

通过多种方式，学校小课堂向生活大课堂积极拓展，拓兴趣、拓内容、拓方式、拓运用、拓思路、拓思维等，使学习更主动，更持久，更实效。

四、落实即听即评，助力成长

听评课是一种最能锤炼人的方式之一。教师通过听评课活动，达到交流教学经验、切磋教学技能的目的。应鼓励教师们走进同年级组教师的课堂、走进不同学科的课堂去听课，去评课。通过这种方式，开阔教师的视野，激励大家上进，发展教学能力，促进教学能力的螺旋式上升。

学校根据"让学拓思"生命化课堂实施方案，制定了听评课记载表，即听即评，参与听课的教师给出恰当的观课评定。常规课堂中，教师是如何落实"让学拓思"的？在新的课堂模式中，学生表现、师生关系、教师的上课状态、看学生的听课状态……都是需要一一进行收集与整合。因此，每一次活动之后，各部门都应认真进行活动总结。首先，结合课堂实际评估"让学拓思"生命化课堂实施指南的可行性，评估《"让学拓思"生命化课堂观课量规记载表》的可操作性：哪些内容是可以舍去的，哪些内容是需要进一步细化、强化的，一次次地修改，一点点地完善。其次，课后及时与授课教师交流，肯定其优点，指出其不足，帮助他们成长。教师也在一次次的教学实践中，领会了"让学拓思"生命化课堂实施指南的要点，并用以指导自己的课堂教学活动的展开。

"六年级'让学拓思'生命化提质研讨课""一年级养正课""三年级新城杯赛课""美术生命化课堂""青蓝工程赛课""五年级'让学拓思'活动""四年级'让学拓思'活动""2019新进教师'让学拓思'过关课"等，都是"让学拓思"生命化课堂落地生根的形式。

课堂是一个生命场，教师站在学生的身后，完美地蜕变，成全学生生命成长的同时，也成全了自己。成全生命，预示着美好教育的明亮的未来。

"让学拓思"生命化课堂初始方案，仅仅是文字垒砌的摸索思路。经过一系列的研讨实践，目前学校的生命化课堂实施指南已经被赋予了生命的形态，逐步显现出生命应有的模样，有了生命的雏形，最终能够成就教育的美好，让每一个生命在课堂这片土地上尽情地绽放。

践行让学拓思，提升课堂实效

——基于"让学拓思"理念下的《百分数的认识》教学案例

　　随着笔者所在学校"让学拓思"课程建设的逐步推进，每学期"让学拓思"教研课程的全面铺开，教师在课堂上如何落实激趣导课、互动导学、检测导结、分层导练，真正践行"让学拓思"生命化课堂理念，是提升学生课堂学习实效的重要前提。教师在课堂上如何实施"让学拓思"课堂，从教学实践层面来说，既要重视课堂教学环节的管理，更要在课堂上给学生以时间和空间的最大化，增强课堂学习的有效性，增强学生的思维能力。下面我就具体的做法，结合"让学拓思"教研课例人教版六上的《认识百分数》来讲一讲。

一、课堂教学实际过程

　　为更好地践行"让学拓思"，提升课堂实效，我在执教这节课时围绕以下几个方面展开：

（一）情境导课、提高学习的必要实效性

　　执教本课时，恰逢"双十一"时期，我就以"双十一"商场的优惠抽奖活动为情境引入教学，让学生在具体情境中体会用中奖率来快速比较的便捷性，从而体会学习百分数的必要性。

（二）分享调查结果，提升学生理解的实效性。

　　在教学中，教师以学生为主体，留出时间与空间让学生自主进行调查分享，在相互学习与互补中推动自身对新知识的理解。

　　在这节课前我布置学生课前任务：搜集生活中的百分数。在课堂教学中，在梳理了百分数的读写后，我请几位学生分享他们所收集的百分数，说

说这个百分数表示的意思，要求学生按"我找到的百分数是（　　），它表示的意义是（　　）占（　　）的百分之（　　）"的格式汇报。在汇报过程中，我侧重强调要明确这个百分数是谁和谁比较，是哪两个数的关系。通过学生的分享，大家初步理解了百分数的意义：一个数是另一个数的百分之几。

（三）导学练习，拓展学生探究的实效性。

教师在课堂教学中，要巧妙设计练习。学生在练习、分享、思辨、改错的过程中让思维发生本质性互动，在互动中加深对知识的理解，提升思维能力，实现数学课堂教学效益的升值。

下面是我在《百分数的认识》一课中，设计的学习单：

学习单

活动任务一：

1. 今天全校学生的出勤率为95%。

2. 某小学女教师的人数是男教师人数的500%。

3. 儿子的身高是爸爸身高的87%。

4. 在投篮比赛中，小琦第一场的命中率是41%。

学习要求：

1. 选一选：选一个你喜欢的百分数。

2. 圈一圈：这个百分数是把谁和谁比较。

3. 说一说：你选的百分数表示的意义是什么？

4. 想一想：由以上四个百分数表示的意义，你觉得什么是百分数？

通过以上环节，学生再次理解百分数的意义。然而对于百分数意义的理解并不止于此，我继续下一个要求：

5. 分一分：你觉得上面的4个百分数可以怎么分类？尝试分一分。

在学生表达初步的理解后，我利用课件出示色条图形帮助理解。学生借助图形，深刻地体会到：当两个数是表示部分与总量的关系时，百分数最多只能达到100%，比如说出勤率，命中率等；当两个数是表示不同类数时，这时的百分数是可以小于、等于，甚至大于100%的，比如女教师的人数是男教师人数的500%，儿子的身高是爸爸身高的87%等。

（四）质疑提问，提升学生思辨的实效性

学习是个不断发现问题、提出问题、解决问题、总结发现的过程。有限的课堂教学时间内，简单的数学问题可以放手让学生独立完成，有一定难度的问题可以组织小组合作研究，面对有疑难争议的数学问题，借助小组合作力量，让学生充分发表自己见解，分析、比较、争辩，在思辨中统一认识，实现对知识的深入认识。

例如在这堂课后半部分，我提问："对于百分数知识，还有没有不明白的问题？"学生思考后，有学生提出：分数和百分数在意义上有什么区别？为解决学生的这一难题，我举例以引导学生区分下面两句话：①调查数据显示，目前近视的小学生人数是全国小学生人数的35/100。②一根铁丝长3/100米。

通过对实例的深入探究，学生归纳总结：分数和百分数都能表示两个数之间的倍数关系，但两者又有各自的特点，分数除了表示两个数之间的倍数关系，还可以表示一个具体数量，当表示具体数量时带单位名称；百分数只能表示两个数之间的倍数关系，是不带单位名称。学生在质疑的思维碰撞中在本质上完善对百分数知识的认识。

二、反思

这节课较好地实现了既定的教学目标，但回头看，在以下几方面仍可以继续改进：

1. 对于百分数的读写，完全可以让学生自学，将简单的问题交给学生，节约课堂时间，提升教学效率。

2. 课堂的小组合作环节，可以再细化任务，让合作真正达到共学的效果。

总而言之，践行"让学拓思"课堂，不管是怎样的组织形式，最终落到实处的都是要求教师善于引导学生积极参与学习过程，最大程度让学生自主探究，使学生在感悟知识的产生、形成与发展的过程中，实现对数学知识的再认识，从而真正落实数学课堂学习的实效性。

"双减"政策下小学数学教学如何做"加法"

——以"数与代数"领域的《分数乘法》为例

"双减"政策下，如何在"减"的过程中做教学质量的加法，是值得一线数学教师深思的。运算是数学中的一项重要能力，同时，运算的算法和算理也是困扰学生学习和教师教学的一大难题，基于此，本文以六年级上册的《分数乘法》为例，对"双减"政策下小学数学教学新路径进行了进一步探索，以期推动数学教育更加高质量、高效率发展，让教师的"教"和学生的"学"更加有的放矢，实现全面发展。

数与代数、图形与几何、统计与概率等在人教版小学数学的教材编排中穿插进行教学，而在实际教学当中，运算在数学学习当中占据着重要地位，然而学生计算错误率高的问题却时常出现，这两者之间的矛盾较为突出。如何有效解决这一矛盾，帮助学生运算能力实现质的提升，是本文着重解决的问题，即在"双减"政策下，减少作业负担和校外培训的同时要增加学生运算正确率，为后续数学学习打下坚实基础。数与运算是一根藤上的瓜，在学习分数的运算之前，学生已建构起整数和整数、整数和小数、小数和小数的运算算理和算法，如何体现内容结构化与数学本质的一致性，如何建起数和运算这个承重墙，打通数与数的隔断墙、数与运算的隔断墙，体现单元结构的教学，以此来实现做"减"法的同时做"加"法，本文以《分数乘法》为例，展开如下讨论。

一、直接式导入，明确核心任务，制造认知冲突

长期以来，众多教师仍然沿用着传统的教学方式：教师讲授时间多，学生自主学习时间少；师生单向交流多，生生合作互动少；学生被动接受知

识多，主动探究学习少，更有甚者从课堂导入开始，一味地追求新颖，忘记了课堂教学的核心任务，过多浪费课堂时间在导入部分。尤其在数与代数领域，教师可以直奔主题，开门见山，"分数乘法怎么算啊"，在学生尝试回答后，课堂中出现了不一样的答案，有学生说分子相乘，有学生说分母相乘，还有学生说分子乘分子、分母乘分母。即便回答出分子乘分子、分母乘分母的学生也只是因为提前预习知道这个运算的方式，再追问一句"为什么这样算"，学生就云里雾里了。制造学生认知冲突，激起学生课堂思维碰撞的火花，在"双减"政策下，一味通过题海战术来提高学生的计算正确率显然是不可取的，我们需要在减少作业的同时，增加学生对数与运算更深层次的理解，方法是打通数与运算的隔断墙。直接式导入，学生抓住主要矛盾，明确本节课的核心任务，以此展开分数乘法的学习，使导入时间缩短的同时引导学生主动调用已有知识结构进行思考，极大提升了学生学习探究的兴趣及效率。

二、递进式小组合作探究，算理通达，算法明朗

在人教版小学数学的教材编排中，分数乘法是依次按照分数乘整数、整数乘分数、分数乘分数的顺序进行的，而在课堂导入时，学生会调用五年级学习的分数的意义知识点，了解了分数既可以表示一个数也可以表示单位"1"平均分之后所占的几分之几，这一部分在认真学习了吴正宪老师执教本课的课程过后（使用的为北师大版教材），联系人教版教材，整合"分数的乘法一、二、三"情境图，可引用学生所举案例直接教学。联系生活实际，以吃饼干问题为例：

①"我吃了6块饼干"。

②"我吃的饼干是你的2倍"。

③"我吃的饼干是A的二分之一"。

④"我吃的饼干是A的三分之二"。

学生对已有知识进行迁移，能顺利列出"$6 \times 2，6 \times 1/2，6 \times 2/3$"这样的算式，由此展开整数乘整数、整数乘单位分数、整数乘非单位分数的探究式学习，接下来主场就交给学生，这是在"双减"政策下增加学生课堂参与感、获得感的关键。

这个例子当中，由于都是在6块饼干的基础上展开，因此，不管是整数、单位分数还是非单位分数，都是在计算6的多少倍，都可以用乘法的意义来进行有效思考、解决。在学生进行思考前，可抛出"为什么用乘法、怎么计算、为什么这样算"三大递进式问题来引导学生。然后采用小组式探究学习，获得数学的基本活动经验，逐步形成核心素养。学生对于"6×2"可以顺利解答，而对于"6×1/2"，经过分组讨论、试错、归纳，会慢慢发现原来我们可以把1/2变成0.5，于是把新的整数乘分数的题目变成旧的整数乘小数的题目，这样就可以解决了，而对于"6×2/3"这样的算式，我们无法将2/3的等值转化为有限的小数，于是难题出现，真实地暴露了目前的学习状况，而这恰恰是课堂需要重点突破之处。

激发学生的学习兴趣，引发学生的正面思考，鼓励学生质疑，培养学生良好的学习习惯，对学生形成正面的情感、态度、价值观，逐步形成核心素养，都是有帮助的。"探索激励学习、改进教学的评价"，采用多元评价主体、多元评价方式，鼓励学生对学习过程和学习结果进行自我监督。做题，是数学教学过程中必不可少的环节。一道优质题能像磁铁一样吸引学生的眼球，教师要设计更多像磁铁一样的课堂问题，针对教学内容，针对学生的学习特点进行教学。要让学生有疑问，引导学生思考，丰富解题方法。

首先，以"6×2/3"为导向，精心设计小组讨论，提出一题多解这个活动任务，然后把活动过程交给学生。随后，班子成员采取轮流分享或推荐代表上台介绍的形式，谈各自的解题方法，每组都有一位组长，其职责是督促每一位小组成员发言，并将讨论内容记录下来，以便在小组之间交流时，各抒己见。在此过程中，教师对各组的座谈情况进行巡视，并给予必要的协助。各组将学习成果进行了展示：

一组："6的三分之二，也就是把6平均分成3份，取其中的2份，$6 \div 3 \times 2 = 4$。"

二组："我们没有计算的思路，但可以通过画图的方式得到答案，展示圆圈扇形图。"

三组："可以把6看成6/1，那就是6/1×2/3，正好可以利用课前预习的分子乘分子、分母乘分母来解决，但我们不知道为什么要这样计算。"

四组："我们组也用了除法，但跟一组的不一样，我们是把分数2/3看作

$2÷3$，然后代入运算$6×2÷3=4$。"

课堂气氛特别活跃，学生们通过对话、提问等形式展开讨论。一位学生上台介绍自己的方法，向其余学生提问是否赞同；有疑问的学生直接与介绍方法的学生对话。学生提问，学生答疑解惑，教师总结，不仅反馈了学习成果，还让其他学生把注意力集中到课堂问题上来。活动中90%以上的学生都能主动参与，使学生对自己的方法有所了解，从而在解决问题的方法上进行了多方面的积极探索。

至此，"双减"政策下小学数学教学哪里需要做加法、如何做加法？以本文所讨论的分数乘法为例，课堂及运算的效率需要做加法，而打通数与数、数与运算的隔断墙是增加效率的王道。学生会逐步意识到，原来整数、小数、分数的乘法本质上是一样的，殊途同归，都是在计算"计数单位"的个数，只是因为整数、小数的计数单位相对固定，我们比较熟悉了解，而分数的计数单位会因分母的不同产生差别增加了理解和计算难度罢了。我们都知道，单位相同才能相加减，同分母分数可以直接相加减是因为计数单位一致，遇到单位不一致时，我们需要去换算单位，异分母分数相加减需要通分就是这个道理。乘除法的考虑亦是从本质出发，引导学生建构知识框架，当从算理的角度考虑运算问题时，难题就不会再难。

·教学设计·

《清平乐·村居》片段课教学设计

【教学目标】

通过"亡赖"一词的深入理解，感受小儿的淘气、顽皮，感受乡村生活的和谐美好，体悟词人对这种安宁生活的向往。

【教学重点】

透过"亡赖"，感受小儿的淘气，顽皮，感受词人的情感。

【教学难点】

感受乡村生活的和谐美好，体悟词人对这种安宁生活的向往。

【教学过程】

一、直接导入

1. 今天，我们继续探访词人辛弃疾的内心世界，感受他对安宁生活的向往，开启一场与儿童诗有关的拓展之旅。

2. 板书课题，齐读课题。

板书：《清平乐·村居》。

（1）师生交流：清平乐是这首词的词牌名；村居是这首词的题目。

（2）齐读课题——《清平乐·村居》。

3. 齐读这首词。

二、从"亡赖"，体悟孩童的顽皮、可爱

1. 人常说："诗中有画。"词中也有画，词人辛弃疾在这首词中也给我们描绘了5幅精彩的画面。它们分别是——

（生：茅舍清溪图、翁媪相媚图、大儿锄豆图、中儿织笼图、小儿剥莲图）

2. 交流：五幅画面中，最让你心动的是哪一幅画面？为什么？

（1）生自由发表自己的看法。引向"最喜小儿亡赖，溪头卧剥莲蓬"。

（2）词人最喜欢的是哪幅图啊？（小儿剥莲图）齐读诗句：最喜小儿亡赖，溪头卧剥莲蓬。

（3）理解"亡赖"的意思。

"亡赖"是淘气、顽皮的意思。它与我们平时所理解的意思一样吗？

（4）诗中哪一个字表现了小儿的亡赖的呢？（"卧"字）一个"卧"字形象地写出了小孩顽皮的样子。想象"卧"的姿势，怎样的"卧"？（俯卧、仰卧、侧卧等）不管是哪种卧的姿势，都能让我们体会到什么？（孩子的顽皮）

（5）小组讨论：透过"亡赖""卧"，我们仿佛看到了怎样的画面，这个小儿可能会有哪些动作，让我们感受到小儿的顽皮、可爱呢？

生讨论并汇报：透过"亡赖""卧"，我们仿佛看到：

预设：生A：小溪边，一个顽皮的小孩正趴在地上，专心致志地剥莲蓬呢。

生B：调皮可爱的小儿子剥开莲蓬吃莲子，还不时啧啧地咂着小嘴。

生C：他翘起两条小腿，摇头晃脑的，边剥边随手把壳往上一扔。

真是惹人喜爱，难怪词人辛弃疾会这样形容，齐读：最喜小儿亡赖，溪头卧剥莲蓬。

迁移：辛弃疾笔下的小儿，溪头卧剥莲蓬，顽皮极了；而吕岩笔下的牧童，晚归饱饭后，不脱蓑衣卧月明，宁静而惬意。

透过这两处"卧"字，你感受到了什么？交流。（惬意的、无忧无虑的、悠闲的、轻松自在的、天真……）

师小结：无论小儿的卧，还是牧童的卧，都让我们体会到了孩子的无忧无虑、天真、可爱。

三、拓展写"亡赖"儿童的古诗

过渡：孩子是淘气的、顽皮的、天真的、可爱的……许多诗人都争相描摹这些孩子。

1. 在胡令能的《小儿垂钓》中，我们看到了这样一个孩子：蓬头稚子学垂纶，侧坐莓苔草映身。路人借问遥招手，怕得鱼惊不应人。

2. 在崔道融的《溪居即事》中，我们看到一个有点小遗憾的孩子，男生读：篱外谁家不系船，春风吹入钓鱼湾。小童疑是有村客，急向柴门去却关。

3. 在范成大的《四时田园杂兴》中，我们看到了勤劳好学的孩子，女生读：昼出耘田夜绩麻，村庄儿女各当家。童孙未解供耕织，也傍桑阴学种瓜。

4. 在白居易的《池上》，我们更加看到了一个鲜活的孩子，读：小娃撑小艇，偷采白莲回。不解藏踪迹，浮萍一道开。

四、总结

不管孩子在做什么，他们的行为举动，都是那般让人喜爱。孩子的这份纯粹与顽皮，是因为他们有着安宁而幸福的生活。这正是词人心中所向往的，就让我们再读这首词，读出词人对小儿的喜爱，读出词人心中的向往。齐读《清平乐·村居》。

五、作业布置

在我们古诗词的宝库中，描写儿童的诗还有很多，课后，请大家多去积累，丰富我们的知识宝库。

【板书设计】

清平乐·村居

亡赖　　卧

向往

《早发白帝城》片段课教学设计

【教学重点】

通过拓展延伸，帮助学生赏析诗歌经典意象，体悟诗人思想感情。

【教学难点】

引导学生感受诗人李白洒脱的人生态度。

【教学过程】

一、结合热点，引入课题

师：同学们，诗词的世界是神奇而美妙的。暑假有一部电影就与诗词有关，非常火爆，讲述了盛唐气象，再现了古诗魅力，你们知道是哪一部吗？（生回答）

师：没错，就是《长安三万里》。电影从诗人高适视角，讲述了诗仙李白的跌宕人生，也展现了李白诗词创作的精彩历程。今天我们要学习的古诗，也出现在电影之中，我们一起来看看。（播放《早发白帝城》片段）

今天，就让我们随着《早发白帝城》中的轻舟，再次感悟李白洒脱的人生态度，去感受诗词中独特的情感意象。（板书课题）

二、赏析古诗，体悟情感

（一）出示古诗，学生齐读

师相机提问：他的心情如何呢？你是从哪里感受到的？

预设1：他的心情是开心的。我是从"彩云间"体会到的，因为心情好，所以看到的云朵都是彩色的。

预设2：我认为他的心情是高兴的。我是从"啼不住"看出来的，猿猴的啼叫本是让人不舒服的，但是李白却并不觉得吵闹，觉得反而为旅程增添了趣味。

预设3：我是从"千里"和"一日还"看出来的，那么远的路程这么快就到了，内心肯定是万分激动的。

（二）总结方法，小组合作

师：同学们的领悟力真棒！说得都很正确。有谁知道他为什么这么开心吗？

预设：我通过查阅课外资料知道，李白当时已经58岁了，被流放夜郎，被迫抛妻弃子，忽然遇到朝廷大赦，得以回家，心里自然是十分高兴的。

师总结：你真是一个会学习的孩子！没错，查阅课外资料（板书）是我们学习古诗词的重要方法之一，可以帮助我们了解诗人当时的内心情感。年事已高的李白，幸遇大赦，自然是高兴而激动的。那让我们带着这样的感情再来读一读这首诗。（生读）

生读完后，教师引导：舟作为古代常见的交通工具，经常在诗中出现。而这首诗中的"轻舟"更是诗歌画面中的主角。"两岸猿声啼不住，轻舟已过万重山。"从这两句诗中，你看到了怎样的画面？请分小组讨论，说说你们的看法。（分组讨论1分钟）

预设1：我仿佛看到了两岸山间猿猴的啼叫声不绝于耳，轻快的船从这重重叠叠的崇山峻岭间的江面驶过。

预设2：我仿佛看到李白站在船头，极目远眺，望着家乡的方向，急于返回江陵团聚，高兴得甚至在船头张开双臂，拥抱江风。

师：大家觉得"轻舟"代表着什么？能不能换成"小舟"或者"快舟"？

预设生答：我觉得轻舟不仅是指坐的这艘船，更是代表着李白的心情很轻松、畅快，不能换成小舟。

（出示《送孟浩然之广陵》，引导学生赏析异同。）

过渡语：在这首诗中，诗中的船不再是轻舟，而是孤帆，它又表达了李白此时怎样的心情呢？

师总结：孤帆表达了对友人的依依惜别之情，多么不舍。同学们，由此可见，同样的一件事物，也可以表达诗人不同的情感。而像轻舟、孤帆这种诗人用来表达主观感情的客观事物，我们称为意象，正所谓一切景语皆情语。在浩渺的诗歌海洋里，有许多经典的意象，了解它们，可以更好地帮助我们感悟诗人的情感。

三、迁移拓展，积累发现

（一）梳理意象，体验共鸣

李白不仅爱写小舟，同样爱写明月。同学们，你知道哪些关于明月的诗句？（生答，PPT出示带月的诗句。）明月这个意象，往往表达了诗人的"思乡""思人"之情。

师：柳树，自古以来也是诗词中的常客。你能说出哪些带有柳的诗句？它又能体现诗人怎样的情感呢？（生答，PPT出示带柳的诗句。）汉代以来，人们常以折柳相赠来寄托依依惜别之情，由此引发对远方亲人的思念之情，以及行旅之人的思乡之情。

师：（PPT展示带冰雪的诗句）冰雪又是一个关乎什么的意象呢？谁能发现。（生答）没错，古人常以冰雪的晶莹比喻心志的忠贞、品格的高尚。

（二）总结课堂，升华主题

师：同学们，古典诗词是如此充满魅力，走近它，我们会发现不一样的精彩。轻舟已过万重山，让我们在以后的学习生活中，与诗为友，在诗歌的海洋中扬帆航行吧。

《火烧云》第二课时教学设计

【教学目标】

1. 有感情地朗读课文，通过朗读和交流理解课文内容，借助相关语句说出火烧云形状变化的特点。再通过朗读，提炼作者是怎么把形状变化写清楚的。

2. 仿照课文4~6自然段的写作方式，把事物写清楚。

3. 激发学生观察大自然的兴趣，培养学生热爱大自然、热爱生活的情感。

【教学重点】

借助相关语句说出火烧云形状变化的特点，提炼作者是怎么把形状变化写清楚的。

【教学难点】

仿照课文4~6自然段的写作方式，把事物写清楚。

【教学过程】

一、创设情景，复习导入

师：同学们，昨天我们跟随作者（萧红）欣赏到了《呼兰河传》中的火烧云。你们知道吗？大作家茅盾曾评价说，《呼兰河传》是一部多彩的乡村画。你能给这幅画上的颜色命名吗？

（老师圈画图片中的颜色，学生回答颜色名称。）

师：火烧云不仅颜色绚丽，它的形状变化也很奇特，今天我们一起来看看作者是怎样描写火烧云形状变化的。

二、感悟特点

师：一人难挑千斤担，众人能移万座山。同学们，接下来我们就一起在小组合作中，通过思维的碰撞（在此提出"默读课文"的要求）来感悟火烧云的特点吧。

1. 默读体会，感悟特点。

（1）火烧云变成了哪些形状？

（2）有哪些表示时间变化的词语？

（3）这部分写出了火烧云形状的什么特点？

2. 小组合作。

合作要求：根据自己的发现，小组讨论交流。（限时3分钟）

3. 小组汇报。

（1）火烧云变成了"一匹马""一条大狗""一头大狮子"。

（2）与时间有关的词语：一会儿、过了两三秒钟、忽然、接着、一眨眼。

（3）写出了火烧云形状变化快的特点。

4. 老师小结。

4~6自然段写出了火烧云形状多、变化快的特点。

三、聚焦写法

知其然还要知其所以然。萧红是怎样具体写出火烧云形状多、变化快特点的？请学生再次默读课文4~6自然段，边读边思考。

1. 默读体会。

你发现每个段落的构段有什么规律？

2. 分析段落结构。

出示每个段落不同颜色，引导学生体会特点。

师：x色部分的句子是写出了什么？指名说一说。

小结：这三个段落都是写火烧云从"出现"——"变化"——"消失"的整个过程。

3. 再读课文。

带着对课文的理解，合作读课文，男生读第4自然段，女生读第5自然段，全班齐读第6自然段。

（朗读时要读准字音、读通句子，不拖沓）

4. 聚焦第4自然段，研究写法。

师：萧红是怎样把形状变化的过程写得这样栩栩如生的？我们先读一读第4自然段，圈画出关键词语。

5. 小组合作二。

小组汇报，教师相机板书。

师：作者通过多个动词，如"跪""骑"等，写出了马的动态，将火烧云变化成的马描绘得十分生动。

6. 再读第4自然段，品味语言的生动。

7. 要把事物写生动，你还有什么好的建议吗？

预设：还可以使用修辞手法。

四、分层导练

宋代学者朱熹曾说："苟徒知而不行，诚与不学无异。"接下来，同学们就来检验一下刚刚所学的内容吧！

1. 说一说（3分钟）。

仿照第四自然段的写法，对照图片，借助提示说一说。

□	按照"出现——变化——消失"的层次说清楚
□□	用上适当的动词
□□□	能恰当运用修辞手法

2. 写一写（8分钟）。

仿照第4自然段的写法，练写三个段落。先完成填空，再自己接着写一些。

3. 展示优秀写话，全班评议。

教师先示范点评，然后生生互评

给同学的写作评级，并能说清楚理由。

4. 小组合作三：我来点评。

组内互相读一读自己的写作，请同学们给自己评级。

出示评价标准：

表3-8　评价标准

□	按照"出现——变化——消失"的层次写清楚
□□	用上适当的动词。
□□□	能恰当运用修辞手法。

五、体会情感，课堂总结

1. 师：美丽的火烧云不仅颜色迷人多变，还能变幻出活灵活现的形状。这美丽的火烧云悄悄溜走了，小朋友们，你们有怎样的感觉呢？

2. 在依依不舍中，我们本节课的学习也接近尾声，作家萧红从"颜色多，变化多"和"形状多，变化快"两个方面，为我们展示了火烧云的美丽，还通过"出现——变化——消失"分层描写，把形状的变化写清楚了。最后，请你再看一看自己的写话，对照要求再修改一下。

《火烧云》学习单

姓名_____　　学号_____

用"出现——变化——消失"的结构写一写。

1. 仿照第4自然段完成填空。

出现：一会儿，天空中出现一只小白兔。

变化：它的耳朵_____，尾巴_____，_____的腿似乎正要_____。

消失：我正打算_____，它却_____。

2. 接下来天空中还会出现什么动物？用上几个动词接着写一写，还可以使用修辞手法让语言更优美。

出现：

变化：

消失：

评价标准

□	按照"出现——变化——消失"的层次写清楚
□□	用上适当的动词。
□□□	能恰当运用修辞手法。

《自相矛盾》第二课时教学设计

【教学目标】

1. 理解"矛盾"思维，说清楚"其人弗能应也"的原因。
2. 结合思维过程，用自己的话讲述"自相矛盾"这个故事。

【教学重点】

1. 理解课文内容，厘清故事的起因、发展、高潮和结局，了解人物的思维过程。

2. 凭借课文内容，使学生在理解寓意的过程中受到启发教育，激发学生学习文言文的兴趣。

【教学过程】

一、激趣导入，了解事件

1. 2300年前的某一天，楚国的集市上人来人往，那里发生了一个虚假广告事件。小记者们，让我们穿越时空，去一探究竟。

2. 事件被记载在《韩非子·难一》，题目中有两件古代兵器（板书：矛、盾）我们再来读一读吧。

二、展开思维，深度探访

1. 创设情景，探寻"矛盾"思维。

楚人是怎么打广告的？画一画。他当时是怎么想的？为什么要这样说？

2. 楚人这番叫卖，看的人多买的人却少，不仅生意不好，还来了一群人拆台：长者、小伙子、小姑娘、在场所有人都问，以子之矛陷子之盾，何如？

3. 这一问，让这位卖矛和盾的楚人做何反应呢？（其人弗能应也。）故事在这里发生了转折，楚人"弗能应"也，此刻他是什么样子？又在想什么？

其人_____，弗能应也，心想：_____。

有了心理、神态、动作，故事就更生动了！

4. 楚人为什么会有这样的反应？因为路人问了什么？（以子之矛陷子之盾）"矛盾之战"，结果如何？

5. 独学：独立思考写出"矛盾之战"战况，得出结论。

表3-9　"矛盾之战"战况

"矛盾之战"，结果如何？		结论
结果1	矛（　　）	盾（　　）	

6. 小组合作（群学）。

（1）小组内交流、整合战况，安排代表上台做一场战况分析。

（2）上台汇报。

希沃视频展台展示学习单。如有不完整的，别组补充，先生评再师评。

7. 回归文本，突破思维。

师：合作让我们从多角度思考问题，穷尽所有可能，都和楚人说的话不一致。可是同学们，楚人要"鬻"其矛盾，他（誉之曰）夸赞矛盾有错吗？（没有错）那问题出在哪呢？让我们重新将目光聚焦到楚人的吆喝声中来，说说，你发现了什么？（有同学要补充吗？）

预设引导：

师：如果说只有不可陷之盾，或只有无不陷之矛，有没有这种可能？

生：这是可能的。

师：问题出在哪里？

生回答。

师：看来问题出在"同世而立"上。如果只是坚盾和利矛，可否同世而立？

生：我觉得可以，因为这个坚盾和利矛，并没有说得很极端。

师：所以问题还是出在"莫能陷"和"无不陷"上，把两种物品的对立特点夸到极致了。是啊，他夸大其词了，他夸大到什么程度呢？——莫、无不。（板书："莫"和"无不"着重号）

8. 现在你知道楚人为何弗能应也了吧，原因就是：夫不可陷之盾与无不陷之矛，不可同世而立。（板书：不可同世而立）

9. 2300年后的今天，我们的生活中也常常有自相矛盾的事件发生，曝光台就收到了好多投稿，谁能发现其中的自相矛盾之处？尝试用韩非子的话说一说。

夫____与____，不可同世而立。

10. 过渡：让我们带上这节课新的理解与收获，再来读一读这个故事吧！齐读课文。

三、揭秘矛盾，播报故事

1. 既然大家已经知道了楚人的虚假广告错在哪了，那你想对楚人说什么呢？韩非子写这篇文章，是想告诉人们什么呢？（得出道理，请生上台板书）

2. 十里八乡的百姓们都想知道这件新鲜事，请我们小记者来播报这个事件。

出示活动要求：

表3-10 新闻播报要求

☆	把事件讲完整
☆☆	加上人物的动作、神态
☆☆☆	把人物的思维过程讲清楚

上台播报，生生互评。

3. 想要成为出类拔萃的记者，还要提升修养，多多阅读。推荐阅读《韩非子》。

四、作业设计

1. 正确、流利地背诵课文。

2. 展开合理的想象，运用细节描写，用自己的话讲这个故事。

3. （选做）联系生活实际，仿写《自相矛盾》。

【板书设计】

15. 自相矛盾

PK

坚　　　　利

莫能陷　　无不陷

不可同世而立

（生自写：道理）

《芙蓉楼送辛渐》教学设计

【教学目标】

1. 认读"芙、蓉、洛"3个字，会写"芙、蓉、洛、壶"4个字。

2. 正确、流利、有感情地朗读并背诵古诗。

3. 通过自学和小组合作的方法理解整首诗的意思，抓住"冰心""玉壶"等词语理解诗句。

4. 感受诗句表现的精神品格，体会诗人不会因横遭谤议贬谪而改变志气的决心。

【教学重点】

正确、流利、有感情地朗读并背诵古诗，理解诗句的意思。

【教学难点】

感受诗句表现的精神品格，体会诗人不会因横遭谤议贬谪而改变志气的决心。

【教学过程】

一、激趣导入

师：热身活动——诗句接龙。老师说上一句，学生接下一句。

桃花潭水深千尺，_____。

孤帆远影碧空尽，_____。

劝君更尽一杯酒，_____。

莫愁前路无知己，_____。

师：同学们默读这句诗，你发现什么共同点了吗？指名说。（板书课题，齐读课题）

师：今天，我们要来学习王昌龄的一首送别诗——《芙蓉楼送辛渐》。同学们可以跟老师一起书空课题（边写边讲解"芙""蓉"），请同学们齐读课题。

二、检查预学情况（预学单反馈）

1. 回顾学习古诗的方法。

借助插图、借助注释、抓关键词、结合背景、想象画面……

2. 指名读诗，正音，读准节奏，评价。

3. 学生初步交流预学所得。运用已经掌握的古诗学习方法，初步读懂了什么。如解诗题（王昌龄在芙蓉楼送别好友辛渐）；知诗人；交流自己运用方法读懂的诗意。

4. 师小结点评。

三、品读诗中意，触摸心底情

（一）聚焦景象，品味送别心境（学习前两句）

集体交流：学习体会"寒"，感悟"孤"。（课件出示古诗的前两句）

学习活动1：前两句诗句中描写了哪些景物？（寒雨、江、楚山）这些景物有什么样的特点？你从诗句中感受到了什么？（作者送别友人时依依不舍的感情）

师：读着这两句诗，你想到了什么画面呢？指名说。体会诗人的心情——悲伤、不舍、孤独……

（朋友即将远行，又恰巧赶上了寒冷的雨天，雨势很大，雨幕和江面都连成了一片，让人感到凄凉、忧伤。楚山并不会孤独，之所以孤独是诗人内心的写照。）

小结：一切景语皆情语，这就是"寓情于景"。

（二）角色体悟

师："一场秋雨一场寒"，同学们，此时，你就是王昌龄，看着朋友远去的背影，想到形单影只的自己，万般思绪涌上心头，你不禁吟诵：寒雨连江夜入吴，平明送客楚山孤。补充《芙蓉楼送辛渐》（其二）：其实，为这次送别，王昌龄写了两首诗，还有一首写了他前一天夜里在芙蓉楼为辛渐饯别的情景：（出示其二）。指名读。

学习活动2：结合资料，展开交流：为何这一次的送别会让诗人一连写下两首诗来抒发他内心的感慨？（小组讨论交流，师巡视）

（出示诗的创作背景）

师：体悟诗人的心情：我们再来读读这两句诗，你觉得此时的王昌龄还有怎样的心情呢？（怀才不遇、灰心丧气、孤立无援）

小结：仕途的坎坷，使他更觉寒心，朋友的离去更让他觉得孤立无援，让我们一起读读这两句，一起去感受作者那种复杂的内心。（齐读）

（三）走进作者内心，感悟人物品质（学习后两句）

过渡：诗人是否因此放弃他的志向、一蹶不振呢？（没有）你从哪里看出来的？（洛阳亲友如相问，一片冰心在玉壶）在与友人分别之际，王昌龄却只是嘱托辛渐："洛阳亲友如相问，一片冰心在玉壶。"

师：芙蓉楼一别之后，辛渐即将回到洛阳，见到家乡的亲友，猜想一下，王昌龄的家乡可能会有哪些亲友？（年迈的双亲、结发妻子、兄弟姐妹、友人）这些亲友见到辛渐后可能会问些什么？（他为什么不回来？是否吃饱穿暖？他究竟犯了什么错？为什么屡遭贬谪？）

了解诗人的经历。这些王昌龄都想到了，但是他只让辛渐告诉家人"一片冰心在玉壶"。这究竟是为什么？（课件出示诗人王昌龄坎坷的仕途：王昌龄才华横溢，官至县尉，后来因事被贬谪岭南，北返长安时在江宁县（今江苏省南京市）任职。在江宁数年，又遭人诋毁，再次被贬为龙标县尉，龙标镇非常偏僻，曾有许多的官员被贬于此地）可以说，他一生壮志未酬。但是在身心饱受煎熬的贬谪岁月里，他依然坚守自己的理想，从未改变自己冰清玉洁的品质。

（四）读懂"冰心""玉壶"

学习活动3：通过了解诗人的经历，请再读读这一句，你从中体会到了什

么？（不会因为两次被贬而改变自己冰清玉洁的品质）是从哪些字词中体会到的？（板书：冰心、玉壶）

理解"冰心""玉壶"的含义。（不管受到多大的打击都不会改变自己冰清玉洁的品质，即高洁清廉。也从未改变过报效国家的志向！）

小结：多么正直的人，多么高洁的心啊！（板书：正直、高洁、冰清玉洁）

（五）创设情境，体悟诗情

师：所以当白发苍苍的老父亲问："你会因处境艰难而放弃心中的志向吗？"王昌龄会坚定地说："一片冰心在玉壶。"

当结发的妻子问："你会因一再被贬而灰心丧气一蹶不振吗？"王昌龄会坚定地说："一片冰心在玉壶。"

当昔日的好友问他："你会因诋毁和诬陷而改变做人的节操吗？"王昌龄会坚定地说："一片冰心在玉壶。"

王昌龄一遍又一遍地在心底呐喊：（师引生读）"洛阳亲友如相问，一片冰心在玉壶。"

四、冰心玉壶赞真人

过渡：送别寄语让我们读懂了王昌龄的心，而他也用一生践行着这句话。如果此时，让你再用一句话介绍王昌龄，你会怎么说？（预设：一位高洁、正直，矢志不渝的伟大诗人）

师：让我们再一次跟随这悠扬的乐曲吟诵这首诗，走进诗人的内心世界。（配乐朗读）

五、拓展

小练笔：过了不久，辛渐终于回到了洛阳，带回了王昌龄的叮嘱，作为他的朋友你不禁为他冰清玉洁的品质而感动，此时此刻你想对他说些什么呢？让我们一起给他写一封回信吧！

《圆锥的体积》教学设计

【教学目标】

1. 通过实验探究，发现圆锥和圆柱体积之间的关系，理解和掌握圆锥体积的计算方法。使学生会应用公式计算圆锥的体积并解决一些实际问题。

2. 提高学生实践操作、观察比较、抽象概括的能力，发展空间观念。

3. 使学生在经历中获得成功的体验，体验数学与生活的联系。

4. 通过实验探究的乐趣，初步形成严谨求实的科学态度。

【教学重点】

掌握圆锥体积的计算方法并会解决相关的实际问题。

【教学难点】

探索圆锥体积的计算方法和推导过程。

【教学过程】

一、复习圆锥的相关知识

复习：圆锥的底面是一个圆，侧面是个曲面，展开后是扇形，从圆锥的顶点到底面圆心的距离就是圆锥的高，圆锥只有一条高。

二、探究圆锥的体积

1. 工地上有一堆沙子，近似于一个圆锥。这堆沙子的体积大约是多少？

学生思考：求沙子的体积就是求圆锥的体积。（板书课题：圆锥的体积）

2. 推导圆锥的体积公式。

（1）猜想：圆锥的体积与哪种图形有关?

预设：可能与圆柱有关。

（2）它们之间会有什么样的关系呢?

学生大胆猜想。

（3）理解等底等高。

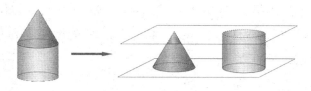

图3-17

（4）方法指导。

议一议：怎样探究圆柱和圆锥的体积之间的关系呢?

（5）试验要求。

做：组内合作，根据实验单的提示完成实验;

记：实验过程中请一名学生填写报告单;

说：请一个代表上台清晰、流畅地分享你们的成果;

净：保持桌面干净、整洁。

（6）操作交流:

①分组试验。请学生们分组试验。（学生试验，教师巡视指导）

②交流、汇报。小组代表汇报试验结果。

（7）得出结论:

当圆锥与圆柱等底等高时，圆锥体积是圆柱体积的 $\frac{1}{3}$ ，圆柱体积是圆锥体积的3倍。

公式：$V_{圆锥} = \frac{1}{3} V_{圆柱} = \frac{1}{3} sh = \frac{1}{3} \pi r^2 h$

（8）进行质疑:

①如果圆柱和圆锥不是等底等高还会是3倍关系吗?

预设：如果圆锥的底面积和高都比圆柱小，肯定装不满。

如果圆锥的底面积和高都比圆柱大，有可能装不下。

②实验验证。

3. 回头看：解决课前问题。

这堆沙子的体积大约是多少？

三、巩固延伸

1. 一个圆柱的体积是75.36m³，与它等底、等高的圆锥的体积是（　　）。

2. 一个圆锥的体积是141.3m³，与它等底、等高的圆柱的体积是（　　）。

3. 一个圆锥的底面周长是31.4cm，高是9cm，它的体积是（　　）。

4. 判断对错，对的画"√"，错的画"×"。

①圆锥的体积等于圆柱体积的。（　　）

②圆柱的体积大于与它等底等高的圆锥的体积。（　　）

③圆锥的体积是圆柱体积的$\frac{1}{3}$，则圆锥与圆柱等底等高。（　　）

5. 一个圆柱和圆锥等底、等高，它们的体积和是64dm³，圆柱的体积是（　　），圆锥的体积是（　　）。

【板书设计】

圆锥的体积

圆锥体积是圆柱体积的

等底等高的圆柱与圆锥

圆柱体积是圆锥体积的3倍

$$V_{圆锥}=\frac{1}{3}V_{圆柱}=\frac{1}{3}sh=\frac{1}{3}\pi r^2h$$

推广篇

「让学拓思」教学改革联盟校

理论篇

雨花实验小学"让学拓思"联盟校工作计划（2024年度）

为进一步落实"双减"背景下"向课堂要质量"这一研究课题，深化教育改革，促进优质教育资源融合共生，实现联盟校教育优势互补、资源共享、高位均衡发展，依据联盟校发展安排，特制订"让学拓思"联盟校2024年度发展计划。

一、工作目标

以"让学拓思"课堂教学实施策略为发展纽带，多校合作，资源共享、优势互补，共同提升。打破过去各校各自为营的局面，形成"让学拓思"课堂联盟体，提高教育教学质量。经过队伍建设、教育科研、学校文化等方面互动交流，实现资源共享、优势互补、互惠共赢，促进高质量基础教育的实现，办好人民满意的教育。

二、实施对象

联盟校（35所）：
区内（10所）：
1. 长沙市雨花区雨花实验第二小学
2. 长沙市雨花区雨花实验第三小学
3. 长沙市雨花区雨花实验第四小学
4. 长沙市雨花区自然岭小学
5. 长沙市雨花区佳兆小学
6. 长沙市雨花区杨林小学

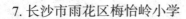

7. 长沙市雨花区梅怡岭小学

8. 长沙市雨花区关刀小学

9. 长沙市雨花区白竹小学

10. 长沙市雨花区雅礼实验毓秀学校

市内区外（4 所）：

11. 长沙市天心区青园友谊小学

12. 长沙市开福区植基学校

13. 长沙县黄兴教育集团育英会展小学

14. 长沙县江背镇中心小学

省内市外（18 所）：

15. 郴州市第一完全小学

16. 郴州市王仙小学

17. 郴州市福泉小学

18. 郴州市第三十二中学

19. 汝城县第二完全小学

20. 益阳市赫山区第二完全小学

21. 益阳市桃江县灰山港镇紫荆花小学

22. 南县五小教育集团

23. 张家界市永定区崇文小学

24. 慈利县零阳街道双岗中心完全小学

25. 岳阳市南湖新区湖滨学校

26. 吉首市双塘镇中心完全小学

27. 衡阳市石鼓区荷池路小学

28. 津市市第二小学

29. 怀化市芷江侗族自治县碧涌镇大垅学校

30. 溆浦县北斗溪镇学校

31. 溆浦县卢峰镇第三完全小学

32. 宁远县第十二完全小学

省外（3 所）：

33. 紫云苗族布依族自治县板当镇板当小学

34. 清远市清城区第八小学

35. 银川市金凤区第九小学

三、工作内容

（一）加强领导，兼备协调

与联盟校互相交流学校"让学拓思"课堂建设的做法与经验，制定详尽工作安排与推行方法。建立多校合作交流工作小组，要求平时经常联系，及时交流各自工作进展情况，保证多校合作交流工作顺利、有效进行。

（二）落实行动，力求实效

围绕联盟校实施方案和合作章程，通过各种形式的活动，搭建交流平台，加强多校领导之间、教师之间、学生之间的合作交流，实现资源共享、优势互补、共同进步、整体提升。

以课堂改革为突破口，打造"让学拓思"高效课堂示范课活动。通过入校调研、种子学校教学开放、区域联动开放等活动，加强联盟校之间的交流，为教师成长搭建平台，更新课堂授课理念，提升课堂质量。

（三）总结提升，积累经验

按季度总结合作交流工作的情况。肯定成绩，指出不足，明确努力方向。对在联盟校合作交流中做出突出贡献的学校，做经验交流。同时借鉴其他联盟学校"让学拓思"交流工作中好的做法，积累经验，把今后"让学拓思"交流工作做实做细做出成效，力求形成"让学拓思"工作的长效体系。

四、预计工作和实施时间

表4-1　工作和实施时间安排

时间	活动内容
3~4月	让学拓思 问需所求 1. 各校完成本年度"让学拓思"课堂建设规划 2. 本学期联盟推进工作布置会 3. 调研所有联盟校，问需所求
5月	教学开放 共研成长 1. 雨花实验小学"让学拓思"教学开放活动，实施校同台展示 2. 实施校"微论坛" 3. 数字化转型推动联盟一体化新格局

时间	活动内容
6月	主题论坛　集思广益 2024年上半年"让学拓思"课堂建设学期总结考核，开展优秀案例、论文等收集评选。
9~10月	区域联动　齐思共研 省内市外区域开放活动，按联盟校实际申请情况集中组织 区域一（长沙片区） 区域二（益阳片区） 区域三（以联盟校实际申请情况决定）
11~12月	风雨同舟　赓续联盟 联盟校年终考核，评选种子学校，优秀案例、论文等

湖南省万淑兰名校长工作室

"让学拓思"课堂教学改革与实践研究联盟

2024年3月

"让学拓思"联盟校推进情况简报
2024年第一季度

【活动情况及亮点】

2024年1月28日，"让学拓思"课堂教学改革与实践研究联盟（学校）第一次会议在雨花实验小学举行，湖南省电教馆培训部主任余剑波，湖南第一师范学院教授、教育学博士、小学教育系主任李金国，长沙市教育科学研究院理论教研员刘正华，长沙市雨花区教育局党委委员、副局长刘翔贵，长沙市雨花区基础教育科科长陈俊，长沙市雨花区教育科学研究所所长曹谦，长沙市雨花区教育科学研究所副所长范俊胜，来自全国的35所联盟学校校长、书记和课堂建设主要负责人莅临我校参加会议。

我们按照"让表达、让提问、让探究、拓角度、拓深度、拓广度、让学拓思"的原则将35所学校随机分成7组，组内讨论了章程和实施方案，确定了本组的组名、口号和目标。自会议结束以后，各联盟小组就开始着手修改合作章程、实施方案和考核表。

雨花实验小学作为联盟母体校，更是进一步深入推进"让学拓思"生命化课堂建设，深化"让学拓思"课堂教学改革。2月22日上午，我校邀请了长沙市中小学教师发展中心臧迎春老师开展了《核心素养导向下的单元"教—学—评"一体化教学新探索》专题讲座，不仅让教师们对核心素养导向下的单元"教—学—评"一体化教学有了更深入的认识，也激发了他们探索新的教学实施路径的热情。各学科组利用集体备课时间，围绕"教—学—评"一体化教学理念在"让学拓思"生命化课堂中的实施展开了讨论，再次更新了自己的理念，拓宽了自己的认知。

2月28日，学校制定了《深耕"让学拓思" 落实"教·学·评"》的全期"让学拓思"课例研讨方案。3月初，结合学校的"最美师德在课堂"活动以及研究的新方向，学校对《雨花实验小学"让学拓思"生命化课堂教学实施指南》进行了第十次修订，对《雨花实验小学"让学拓思"生命化课堂观课量规记载表》进行了第六次修订。学校教研室通过学科组集中大教研活动，谢冬梅副校长根据学校最新修订的观课量表，解读了"教—学—评"一体化理念下课堂的教学要求、内容及评价要点，结合教学实例，对如何在"让学拓思"课堂中落实"教—学—评"一体化教学理念进行了细化分析，鼓励老师们将学校师德师风建设与课堂教学活动相融合。

3月4日至今，学校的课例研讨活动有计划地推进，包括新进教师及转岗教师"让学拓思"过关研讨课例，一、二、三年级语文组"让学拓思"生命化课堂"教—学—评"一体化研讨课例，一、二、三年级数学组"让学拓思"生命化课堂"教—学—评"一体化研讨课例，体育组、信息组"让学拓思"生命化课堂"教—学—评"一体化研讨课例。

新学期开学后，联盟校群内陆陆续续收到了各校开展"让学拓思"活动的新闻报道，其中国家级宣传稿1篇，省级宣传稿2篇，市级宣传稿7篇，区级宣传稿1篇，校级宣传稿29篇。尤其有10所学校的"让学拓思"活动被市级以上部门进行了报道，这些学校分别是南县五小教育集团、衡阳市石鼓区荷池路小学、益阳市桃江县灰山港镇紫荆花小学、宁远县第十二完全小学、长沙县江背镇中心小学、长沙天心区青园友谊小学、郴州市第三十二中学、溆浦县卢峰镇第三完全小学。以上学校扎实有效地开展了"让学拓思"活动，宣传效果好。

部分学校还根据我们的总方案拟定了各自的学校方案，有些学校还根据自己学校的特色做了"让学拓思"的推进项目。如：

贵州的紫云自治县板当镇板当小学围绕《猫》这一篇课文自主设计了学前预思单、学中深思单、学后拓思单，"三单"设计很符合"让学拓思"的理念，对教师也很有参考价值；

益阳市赫山区第二完全小学在我校的成果基础上，融入了自己学校的习惯文化；

长沙市天心区青园友谊小学"让学拓思"课改结合校情、区情，建设了有特色、有梯度、有深度的生命化课堂，推动了学校教育教学水平的提高，并被"新湖南"报道；

郴州福泉小学本学期以三年级为试点，着力践行"让学拓思"课堂理念，打造"让学拓思"高效课堂，让学校教育走向精准、走向科学、走向高效；

南县五小教育集团开展了"以'让学拓思'为路径，建构素养课堂"展示课活动，语、数、英、科学、道法、音、体、美共8个学科都有县教研员做专业指导和关于"让学拓思"理念的专题培训。全学科铺开，全县示范推广。

我们还实地调研了杨林小学、自然岭小学、溆浦县北斗溪镇学校、溆浦县卢峰镇第三完全小学，与联盟校互相交流学校"让学拓思"课堂建设的做法与经验。

【问题及不足】

未开展"让学拓思"课堂研讨活动或没有校级以上报道的学校（14所）：长沙市雨花实验第二小学、长沙市雨花区杨林小学、长沙市雨花区梅怡岭小学、长沙市雨花区白竹小学、长沙市雨花区雅礼实验毓秀学校、长沙县黄兴教育集团育英会展小学、郴州市第一完全小学、汝城县第二完全小学、益阳市赫山区第二完全小学、张家界市永定区崇文小学、慈利县零阳街道双岗中心完全小学、吉首市双塘镇中心完全小学、清远市清城区第八小学、银川市金凤区第九小学。

【第一季度媒体宣传】

1	2024.1.29	携手赋能教育 共创美好未来	长沙市雨花实验小学	校级
2	2024.2.23	核心素养引领 探索教学新径	长沙市雨花实验小学	校级
3	2024.2.24	课改培训凝智慧 蓄力赋能启新篇——雨花区佳兆小学2024年寒假"让学拓思"课改培训	长沙市雨花区佳兆小学	校级
4	2024.2.28	行让学拓思之路，叩素养课堂之门——南县五小教育集团教师专题培训	南县五小教育集团	校级
5	2024.2.29	向课堂要质量！荷池路小学举办"让学拓思"教师教研培训	衡阳市石鼓区荷池路小学	市级

学习——可以更好地发生 『让学拓思』课堂教学创新路径探析

6	2024.3.2	聚焦课堂促提升，让学拓思向未来	长沙市开福区植基学校	校级
7	2024.3.4	三月春风十里暖 "让学拓思"促成长——关刀小学召开"让学拓思"教师教研培训	长沙市雨花区关刀小学	校级
8	2024.3.4	学思践悟 以知促行——记苏雅中学课堂教学模式培训	郴州市第三十二中学	校级
9	2024.3.6	构建活力课堂！板当小学探索"让学拓思"教研教学课堂改革	紫云自治县板当镇板当小学	校级
10	2024.3.6	深耕课堂，改革提升——北斗溪镇学校召开"让学拓思"课改推进会	溆浦县北斗溪镇学校	校级
11	2024.3.6	立足课堂抓质量，让学拓思促提升——郴州市王仙小学教师教研培训	郴州市王仙小学	校级
12	2024.3.7	桃江县紫荆花小学："让学拓思"领航教学改革，奏响校本教研破局提质新序曲	益阳市桃江县灰山港镇紫荆花小学	市级
13	2024.3.7	"让学拓思"明方向，潜心教研促成长	长沙市开福区植基学校	校级
14	2024.3.8	乘"让学拓思"之风 铸生命化课堂之采——郴州市福泉小学教研纪实	郴州市福泉小学	校级
15	2024.3.9	"让学拓思，聚焦课堂"：湖滨学校隆重开展课堂改革启动仪式及推进会	岳阳市南湖新区湖滨学校	校级
16	2024.3.11	让学拓思 精研共进	长沙市雨花区雨花实验第三小学	校级
17	2024.3.15	宁远十二完小开展"让学拓思"教学研讨	宁远县第十二完全小学	市级
18	2024.3.15	新秀展风采 过关促成长	长沙市雨花实验小学	校级
19	2024.3.16	课堂坚持"让学拓思" 师生构建"学习共同体"——记第六届"追梦杯"课堂教学竞赛暨融合教育研讨	长沙市雨花实验第四小学	校级
20	2024.3.17	"三让三拓"构建生命化课堂 ——郴州市福泉小学"让学拓思"骨干教师展示课活动	郴州市福泉小学	校级
21	2024.3.17	去尽浮华寻本真 潜心教研促提升	长沙市雨花实验小学	校级
22	2024.3.19	融合新理念，共创教学新格局	郴州市苏雅中学	校级
23	2024.3.19	板当小学"问诊把脉集广意 '让学拓思'促课改"教研活动	紫云自治县板当镇板当小学	校级
24	2024.3.19	春日深耕研课堂 示范引领共成长——宁远十二完小"让学拓思"示范课例研讨	宁远县第十二完全小学	校级

25	2024.3.20	融合新理念，共创教学新格局	郴州市第三十二中学	市级
26	2024.3.20	教学路漫漫 研途皆风景——宁远县第十二完全小学"让学拓思"教学研讨	宁远县第十二完全小学	校级
27	2024.3.21	2023年下学期期末质量分析会暨"让学拓思"生本课堂教学改革培训会	津市市第二小学	校级
28	2024.3.21	长沙县江背镇中心小学开展"让学拓思"课例研讨活动	长沙县江背镇中心小学	市级
29	2024.3.21	大垅学校：让学拓思，教学创新	怀化市芷江侗族自治县碧涌镇大垅学校	区级
30	2024.3.22	以赛促学，教学相长——2024年雨花实验第三小学语文组"让学拓思"生命化教学竞赛	长沙市雨花区雨花实验第三小学	校级
31	2024.3.26	"让学拓思"以教促研，教研相长——宁远县第十二完全小学数学教研活动	宁远县第十二完全小学	校级
32	2024.3.26	长沙天心区青园友谊小学开展"让学拓思"课改推进会（红网时刻）	长沙天心区青园友谊小学	市级
33	2024.3.26	长沙天心区青园友谊小学开展"让学拓思"课改推进会（新湖南）	长沙天心区青园友谊小学	市级
34	2024.3.26	三月春风十里暖 "让学拓思"扬新帆	溆浦县卢峰镇第三完全小学	校级
35	2024.3.27	三月春光无限好 "让学拓思"谱新章	长沙市雨花实验小学	校级
36	2024.3.27	三月春光无限好，"让学拓思"谱新章——雨花实验小学与卢峰镇第三完全小学结对交流活动（红网）	溆浦县卢峰镇第三完全小学	省级
37	2024.3.27	借"让学拓思"之东风，抵素养课堂之彼岸（新湖南）	南县五小教育集团	省级
38	2024.3.28	结对帮扶促发展 互学互鉴共成长	长沙市雨花实验小学	国家级
39	2024.3.29	春风启新程 研思助成长	长沙市雨花实验小学	校级
40	2024.3.29	阳春三月芳菲处 "让学拓思"花盛开	长沙市雨花实验小学	校级

推广篇　"让学拓思"教学改革联盟校

"让学拓思"联盟校推进情况简报
2024年第二季度

【活动情况及亮点】

各联盟学校在第一季度联盟校会议结束后，"让学拓思"课堂教学改革与实践研究联盟（学校）的各学校均有条不紊地积极推进"让学拓思"课改活动，活动开展得有声有色。

各学校也在积极地推送"让学拓思"活动新闻，宣传效果很好。2024年4~6月，校级报道34篇，区级报道3篇，市级报道3篇，省级报道3篇。其中，被市级及以上部门新报道的有以下6所学校：吉首市双塘镇中心完全小学、宁远县第十二完全小学、益阳市赫山区第二完全小学、衡阳市石鼓区荷池路小学、汝城县第二完小教育集团、郴州市第一完小教育集团。

35所联盟校认真总结了第二季度的工作，对学校开展的活动进行了梳理，既有成绩的体现，也有关于实践的反思，大部分的工作总结图文并茂。在整理各联盟校的工作总结时，最大的一个感受就是：各校的工作推进扎实有序，呈现出一种昂扬向上、不断进步的态势。各联盟校通过党员教师示范课、骨干教师示范课、优质课例展示课、青年教师研讨课、联合专题研讨等多种形式，将课改活动与各级竞赛活动有效结合。在实践过程中，不断优化，将"让学拓思"理念与学校已有的理念逐步融合。各联盟校的课改推进均由点到线再及面，从某一个学科或某一个年级开始试点，最后全校、全学科铺开去。

不少联盟校反馈，经过半个学期的实践，在课堂教学中，教师们的方式方法有明显的转变，教师钻研教材的意识更强了，大家都能积极找准教学的着力点，将教学重点、难点分解到不同的学习任务中，引导学生通过合作学习达成学习目标。在教学活动中，教师的语言更加精炼，提问更精准了。同时，教师逐步摒弃了一讲到底的教学模式，逐渐学会了放手，变成教师提炼学习方法，在先扶后放中提升自己驾驭课堂的能力，同时也培养了学生举一反三的能力。课堂的学习氛围也开始变化，学生的合作意识逐渐增强，在小组合作学习的过程中，有任务的驱动，每个学生会围绕问题发表自己的看法，在讨论与交流中产生思维的碰撞，提高了学习的效能，实现了学生自我价值意识的建立。

【已获的成绩】

在"让学拓思"生命化课堂教学理念的引领下，各联盟校在各级教学竞赛中斩获佳绩。

板当小学：

舒远鑫老师在2024年安顺市中小学"千校万师"小学科学优质课评选中获市一等奖，并推荐参加2024年全省小学科学优质课评选观摩交流活动。作为乡镇学校参加省级优质课比赛，破县、校历史。

雨花实验小学：

谢冬梅老师在雨花区生命化课堂教学竞赛中获语文卓越场特等奖；

吴勇老师在雨花区生命化课堂教学竞赛中获数学青年教师场特等奖；

周敏老师在雨花区生命化课堂教学竞赛中获语文骨干场一等奖；

谢依依老师在雨花区生命化课堂教学竞赛中获语文青年场二等奖。

雨花实验第三小学：

屈媛媛老师在雨花区生命化课堂教学竞赛中获英语课例展示场二等奖；

雨花实验第四小学：

赵滢老师在雨花区生命化课堂教学竞赛中获英语素养展示场特等奖；

彭佳老师在雨花区生命化课堂教学竞赛中获数学骨干教师场二等奖。

江背镇中心小学：

邓暄老师在长沙县临空教育集团及长沙县小学体育教学竞赛中分获特等、二等奖；

李茂隆老师在长沙县临空教育集团及长沙县小学科学课堂教学竞赛中分

获一、二等奖；

蒋婕好老师在长沙县临空教育集团小学道德与法治课堂竞赛中荣获二等奖；

邓丹老师在长沙县小学英语师生素养大赛演讲和答辩中荣获二等奖；

刘姣、杨希希老师在长沙县临空教育集团师徒结对成果展示竞赛中荣获二等奖。

杨林小学：

滕思杨老师推出课例《怎样围成长方体》，获第七学区一等奖；

李赞老师推出课例《主动拒绝烟酒和毒品———一起来做控烟宣传手册》，获区一等奖；

李瑞康老师在长沙市教育学会教研志愿服务社到雨花区跳马片区送教送研活动中推出展示课《My goes to work at eight o'clock every morning》，获得在场专家的高度认可。

开福区植基学校：

朱锦淋老师参加"弘扬教育家精神 赋能开福区品质教育"2024年开福区新港片区"新蕾杯"智慧课堂教学竞赛荣获二等奖。

【第二季度媒体宣传】

1	2024.4.1	共学共研　奔赴未来	慈利县零阳街道双岗中心完小	校级
2	2024.4.1	携手同行，履践致远——湘南幼专小学教育学院学子入校见习	郴州市福泉小学	校级
3	2024.4.6	春暖花开季　教研正当时	长沙市雨花实验小学	校级
4	2024.4.6	以体育人　以研促教	长沙市雨花实验小学	校级
5	2024.4.9	潜心教学沐春风　共享沿途皆芬芳	长沙市雨花实验小学	校级
6	2024.4.10	融"让学拓思"理念，创"三主三自"模式	溆浦县卢峰镇第三完小	校级
7	2024.4.11	赛课促成长　智慧拓未来	长沙市雨花实验小学	校级
8	2024.4.12	春光四月正好　课堂精彩纷呈	长沙市雨花实验小学	校级
9	2024.4.13	让学拓思真求索，骨干引领共成长	益阳市桃江县灰山港镇紫荆花小学	校级
10	2024.4.17	让学拓思·师生共成长	长沙市雨花实验第四小学	校级

11	2024.4.17	骨干展风采，引领促成长	郴州第三十二中学小学部	校级
12	2024.4.19	"说"出智慧 "播"出精彩——银川市金凤区第九小学青年教师说播课展示活动	银川市金凤区第九小学	校级
13	2024.4.22	优课促提升 风采齐绽放	长沙市雨花实验小学	校级
14	2024.4.22	深研课标 深耕课堂———"我的主题，我的课"英语比武活动	溆浦县卢峰镇三完小	校级
15	2024.4.24	潜心教研育桃李，"三主三自"花盛开	溆浦县卢峰镇三完小	校级
16	2024.4.24	"让学拓思"促提升 云端共研启新程	长沙市雨花实验小学	校级
17	2024.4.24	张家界市永定区崇文小学开展"让学拓思"教学理念示范课活动	张家界市永定区崇文小学	校级
18	2024.5.2	研"让学拓思"，建福泉"生命化课堂"	郴州市福泉小学	校级
19	2024.5.7	第二十二届"启智杯"聚焦"让学拓思"贯彻落实"五三五"教学模式青年教师教学比武灵动课堂绽芳华	郴州市第三十二中学小学部	校级
20	2024.5.10	教研聚力促提升 集智同研共成长	慈利县零阳镇双岗中心完小	校级
21	2024.5.13	"让学拓思"助力毓秀课堂品质提升	长沙市雨花区雅礼实验毓秀小学校	校级
22	2024.5.17	悟素养之真 探教学之道	长沙市雨花实验小学	校级
23	2024.5.16	小荷初绽尖尖角 家校共育待笑颜——记银川市金凤区第九小学教学开放日活动	银川市金凤区第九小学	校级
24	2024.5.20	三尺讲台展风采 精彩课堂尽芬芳	长沙市雨花实验小学	校级
25	2024.5.22	"让学拓思"课堂教学改革初探索	溆浦县北斗溪镇学校	校级
26	2024.6.6	北校文科组——"让学拓思"生命化课堂的探索与反思	溆浦县北斗溪镇学校	校级
27	2024.6.6	深化"让学拓思"教学革新 助推青年教师专业发展	南县五小	校级
28	2024.6.7	多学科协同实践"让学拓思"，创新教学理念推动课堂深度改革	吉首市双塘镇中心完全小学	校级
29	2024.6.8	清远市清城区第八小学开展"让学拓思"课堂教学实践活动	清远市清城区第八小学	校级
30	2024.6.8	"让学拓思"专题教研——梯队培养优师资，青蓝结对促成长	长沙市雨花区佳兆小学	校级

31	2024.6.8	走进整本书　唤醒阅读力——佳兆小学开展"让学拓思"研讨暨整本书阅读指导展示课活动	长沙市雨花区佳兆小学	校级
32	2024.6.8	"让学拓思"专题教研——佳兆小学开展"让学拓思"骨干示范课活动	长沙市雨花区佳兆小学	校级
33	2024.6.8	以教师之"让"　拓学生之"思"——记白竹小学"让学拓思"课堂教学主题研究	长沙市雨花区白竹小学	校级
34	2024.6.8	让小科目亮出精彩——郴州市福泉小学三—六年级科学、道法教研组长示范课	郴州市福泉小学	校级
35	2024.4.1	桃江县紫荆花小学举行"让学拓思"课堂教学改革研讨会	益阳市桃江县灰山港镇紫荆花小学	区级
36	2024.4.19	在让与拓的方寸之间，做毕业班语文教学的学问	南县五小教育集团	区级
37	2024.6.5	深化"让学拓思"教学革新助推青年教师专业发展	南县五小教育集团	区级
38	2024.4.1	教学教研	吉首市双塘镇中心完全小学	市级
39	2024.4.11	最美人间四月天，齐思共研谱新篇——宁远县第十二完全小学"让学拓思"英语教研活动	宁远县第十二完全小学	市级
40	2024.6.9	赫山二小：建设"学思习惯"课堂 促进学校内涵发展	益阳市赫山区第二完全小学	市级
41	2024.4.23	凝心聚力"荷"花绽放！一起来看看石鼓区这所小学是如何创新课堂形式的	衡阳市石鼓区荷池路小学	省级
42	2024.5.27	名师引领 助力城乡教研一体化暨集团化办学持续发展	汝城县二完小教育集团	省级
42	2024.5.27	让学拓思 智绘华章	郴州市一完小教育集团	省级

建设"学思习惯"课堂 促进学校内涵发展

自益阳市赫山区第二完全小学加入"让学拓思"联盟以来，我校主要完成了如下工作：举行了启动仪式，组织了24名教师进行了课堂研讨，开展了"让学拓思、习惯养成"主题培训，举办了"紧抓思政教育 建设学思课堂"城乡结对帮扶活动。同时，编写了《学思课堂实施策略》与《学思课堂教学改革指南》。

一、存在的问题

1. 学校文化与"让学拓思"课堂模式不匹配。

每一所学校都有自己独特的校园文化，如何找到"让学拓思"课堂教学模式与现有校园文化的匹配点，成为推动课程教学改革的难点。

2. "让学拓思"课堂改革与日常教科研工作不同步。

日常教科研工作非常多而且繁杂，把"让学拓思"课堂教学改革加入工作中，容易出现加重教师负担，破坏现有教学管理循环体系，让教师们无所适从的风险。

3. 把"让学拓思"课堂改革定位为短期行为还是长期改革？

如果没有定好位，很多老师与参与人员都在怀疑，"让学拓思"课堂改革是不是一个阶段性活动。它是一次教研活动？一个学期的活动？还是长期坚持下去的改革？

二、解决策略

问题1：学校文化与"让学拓思"课堂模式不匹配。

解决办法：融合。"让学拓思"背后的理念是以学生为中心，从理念上，它不会与任何已有办学思想矛盾。从"教师中心"到"学生中心"的转变，是让学生站在舞台的中央。我们赫山二小的办学理念是"习惯成就人生"。我们从"让学拓思"中提取两个字，"学"与"思"；提炼三种"学"的习惯：会提问、会探究、会表达；提炼三种"思"的习惯：会聆听、会观察、会拓展。基于此，我们编写了《学思课堂实施策略》。

问题2："让学拓思"课堂改革与日常教科研工作不同步。

解决办法：统筹。把课堂教学改革与日常教科研工作整合。本学期，我们进行了课后服务展示活动，24位教师现场展示，我们将活动主题确定为：2024年"让学拓思"课堂研讨活动。组织了城乡结对帮扶活动，我们将活动主题确定为：紧抓思政教育 建设学思课堂。当然，统筹不是加几张PPT的应付，而是要进行本质上的探索，要有评价指标。比如，我们在指导教师如何使用素养评价时，就将教师们模拟成学生，我与龙萌老师以《利剑护蕾 守"未"成长》为主题，进行了一节别开生面的双师教学模拟课。我负责"教"、龙萌负责"评"，就"会提问""会探究""会表达""会聆听""会观察""会拓展"六个领域对"学生"进行评价。教师体验感增强，现场气氛热烈，做到了形式与内容上的统筹。

问题3：把"让学拓思"课堂改革定位为短期行为还是长期改革？

解决办法：规划。制定三年规划，让教师们感觉我们的改革是深刻的。每一年研究两种素养，进一步探索，我们制定了《学思课堂教学改革指南》，从标准、策略、教师语言、适用情景四个方面去引导教师改变课堂。

三、经验总结

1. 认同是推动课堂教学改革的动力

在改革的初级阶段，我们所有的工作都建立在让教师们觉得"让学拓思"课堂教学改革很有意义，能够解决我们教学中的问题，有助于培养学生的学习习惯，鼓励他们参与进来。

2. 规划是取得教学改革成果的前提

没有规划就没有未来。制定课堂教学改革三年规划，有助于有序推进。

3. 评价是课堂教学改革成功的保障

要什么就评什么，评什么就有什么，课堂教学改革需要将课堂评价工作做实。

"让学拓思"引领下的教育革新之路

自"让学拓思"课堂教学实施策略研究正式被引入我校以来，碧涌镇大垅学校一直致力于更新教学理念，创新教学方法，以激发学生的学习热情，培养学生的创新思维和自主学习能力。目标远大，意味着这条创新课改之路前行艰难，但在我校各位教师的辛苦钻研、不懈坚持之下，我校"让学拓思"课改取得了一定的实践成果。

一、结合我校实情，优化记载表

我校处于"让学拓思"课堂改革的初始阶段，很多课堂改革的思想理论、转变方向都来源于联盟总校的经验，但在第一季度的准备工作中发现部分要求与我校实际情况不符，如我校是加入"让学拓思"的第一年，没有课堂实践3年以上的教师，课堂类型也只能是入格课等。因此，我校组织各大教研组，针对联盟总校的观课量规记载表（3.12横版）展开探究学习，再结合我校实际情况，修订了《碧涌镇大垅学校"让学拓思"生命化课堂观课量规记载表》。

"让学拓思"的指导思想刚刚被引入我校，教师都处于迷茫、不知从何下手的阶段，所以我校鼓励教师去摸索、去尝试，个人思想与集体思想相磨合，再带到课堂中去实践，因此，我校的记载表没有在联盟校的基础上有太大改动，只是剔除了课型评定，均为入门课，同时课堂等级划分的标准重在关注教师在课改中的创新点，相信随着课改的推动和实践，将会逐渐优化。

二、打造全面课堂改革新局面

"让学拓思"课堂改革是一个常态化的过程，不是一蹴而就的，是要融入我们课堂生活之中的。因此，我校为让教师和学生适应课堂改革，在各位校领导的带领下，以《碧涌镇大垅学校"让学拓思"生命化课堂观课量规记载表》为评分标准，以《碧涌镇大垅学校"让学拓思"课堂观察表》为载体，组织全校的推门听课活动。

三、基于理念，落实发展

我校在各位校领导的带领下进行了为期3个月的推门听课活动，采取了分散听课和集中推门听课、随机听课和针对性听课相结合的形式，并结合"一听二查三评"的形式进行。一听指听课堂教学。二查指查教师备课教案与上课是否一致，查作业布置及批改是否适当及时。三评是评教师的教学行为、评学生的学习表现、评教师展现出来的亮点和存在的问题。

在推门听课的同时要求值周领导完成《碧涌镇大垅学校"让学拓思"生命化课堂观课量规记载表》，教研组组长完成《碧涌镇大垅学校"让学拓思"课堂观察表》，同科目教师做好评课，被听课教师做好本课反思。

其实这是一个集思广益的过程。各个教师的潜能都是无限的，教学方法、思想理念都是前人现有的，但直接套用到我校学生身上是行不通的，因此，希望在这个环节中，大力挖掘教师的思想，了解各位教师对"让学拓思"的不同理解与实践方法，取其精华去其糟粕，再统一择优学习，保留特色教学方法，优化教学模式。

"让学拓思"课堂改革是一个漫长探究的过程。我校刚刚起步，实践成果虽然不是很显著，但是相信在之后的进一步改革中，教师学生都有一定的成长，教学目标达成度有所突破，逐步培养学生在系统的学科学习中养成思考习惯，增强思维品质，提升思想境界，做到真正的"让学拓思"。

"让学拓思"点燃板当小学课堂改革之路

作为一所乡村学校，在过去的很长一段时间里，我校尝试了多种课改模式，但成效有限。本学期，我们在陈怀良校长的领导下，从雨花实验小学引进"让学拓思"课堂改革理念。此次改革以"让学拓思"为策略，围绕新课程改革的核心理念进行。我们结合学校校情、班情、学情的实际，精心规划和实施，取得了一定的成效。以下是我校课堂改革工作的几个主要方面：

一、前期准备——研读理论，完善策略

我们深入学习新课程改革核心理念——"一切为了学生的发展"，并将其融入教育教学全过程。在"让学拓思"的基础上，我们不断调整和完善实施策略。为确保改革的有效性和持续性，我们详细分析了学校的教学质量、学生发展和教师成长情况，并依据新课标的要求多次修订实施方案，确保突出学生的主体地位，让学生有更多机会自主学习和探究。把时间、空间、机会、活动让给学生，通过让学生自发主动提问、自主合作探究来强化学生思维角度的变化，让学生以口头、书面、图画、思维导图、信息技术、小组活动等各种形式来实现各种思维成果的外化表达，从而拓展学生思维的广度。

二、具体实施——活动研讨，课堂落实

1. 分组研讨。我们按学科和年级组织分组教研，通过个人思考、小组讨论和大组探讨的方式，让每个小组选定课题，采取三层教研的方式：个人思考——小组内建议——大组探讨，最终形成完整的教学设计。

2. 课堂实践。我们将研讨成果转化为课堂教学实践，通过反复实践促进教师专业成长。目前，我校已成功开展25节（语文、数学各10节，综合

5节）以"让学拓思"为策略的课堂实践。

3. 课后评价。每节课虽然都有亮点，但是也会存在一些小问题，我们利用教研活动共同探讨解决方案，如一位教师在教授《剃头大师》这一课时，通过优化教学设计，显著提高了学生的学习效果。

三、取得成效——学生乐学，教师提升

1. 课堂氛围改善，有生气。经过半个学期的实践，在课堂教学中教师的方式方法有明显的转变，课堂的学习氛围也开始变化。主要体现在：一是教师的课堂讲少练多；二是学生成为课堂的主体对象，学习主动性增强；三是学生有表达的机会，课堂氛围比较活跃；四是学生表达能力得到培养和训练，有的学生进步明显。

2. 教师提升。"让学拓思"是我们课堂改革的策略，教师通过制定预习单、探学单和拓思单帮助学生轻松把握学习的重难点。"三单"是教师解读教材能力的体现，课堂的实践则是教师综合能力的体现。我们的教师在一次次的磨炼中成长和超越。本学期我校各学科教师参加县级以上优质课比赛均取得较好成绩，获县级一等奖3人，二等奖5人，三等奖4人，其中舒远鑫老师被推荐参加市级比赛，获市级一等奖后又被推荐参加省级优质课比赛，实现了我县科学学科参加省级比赛零的突破。这是我们的骄傲，也坚定了我们在课改道路上继续跟着大家前行的决心。

四、存在的问题

自实施"让学拓思"策略以来，我们确实取得了一些成果和变化，但也存在一些问题需要解决。

1. 教师之间的"传帮带"机制没有达到预期效果。原本期望的是一群教师共同进步，现在却变成了个别教师独自前行，而其他教师难以跟上，导致实际效果与预期相差较大。

2. 部分教师在教学过程中对文本的挖掘不够深入。他们没有认真分析学生的学习情况，课堂活动也缺乏精心设计，只是被教案和课件牵引着走，仅仅为了完成教学任务。这与我们课堂改革的要求是相悖的。

3. 学科知识缺乏系统性。知识点之间的衔接并不紧密，我们在单元教学

和课外拓展方面也没有做到学科融合，导致学生学到的知识显得零散。

五、下一步工作打算

为了解决当前教育实践中遇到的问题，并更好地推动"让学拓思"策略，我们需要采取以下措施：

1. 激发教师的积极性至关重要。我们应当建立一个有效的"传帮带"机制，鼓励经验丰富的教师帮助新教师，强者扶持弱者，以此带动整个团队共同成长与进步。

2. 我们需要深入解读新的课程标准和教材。新课标不仅是我们课堂改革的指导方针，也明确了教学目标和方法。将教材内容与新课程标准紧密结合，是确保教学质量的关键所在。

3. 设计教学活动应当认真且富有创意。紧扣知识点，注重课堂的"让"和"拓"，采取贴近学生生活、易于理解且富有趣味性的教学方式，从而有效激发学生的学习热情和主动性。

4. 提升教师自身的专业素养亦十分关键。要想在课堂教学中有效地拓展学生的思路，教师必须不断学习，提升自己的专业水平，成为一个始终在学习中的教育者，引领课堂改革向前迈进。

通过这些具体而有针对性的措施，我们能够朝着提高教学质量和促进学生全面发展的目标努力。

一花独秀不是春，百花齐放春满园。我们相信，在"让学拓思"这条课堂改革的路上，只要携手共进，我们会走得更远。

依托校本研修 推动"让学拓思"之舟

我校有幸加入雨花实验小学"让学拓思"教学改革联盟。在教改推进的前期，我校的工作概括为一句话：三个"一"，稳步推进；一个"三"，全面推进；一条常态，持续推进。

一、三个"一"，稳步推进

（一）一次调研，聆听教师心底的困惑

"以学定教、先学后教"，尊重学生、关注学情，体现学生主体的教学理念，在我们的教学改革中十分重要。我们关注教师，尊重教师所需，于2月18日对全体教师发布"让学拓思"课改调研问卷，发现教师们的难点和痛点，为学校整体推进做好了铺垫。

（二）一场培训，初识"让学拓思"的概况

省教师发展中心的黄佑生老师曾说，你刚好需要，我恰好出现，而且很专业。这也是我一直追求的教师培训目标。

基于前期调研结果，针对教师们的需求，2月22日下午，我以《借让学拓思之舟 再向课改出发》为题，给全体教师进行培训。我在培训中组织教师沉浸式学习，围绕"三让""三拓"来展开探讨活动。教师们积极参与、各抒己见，展示环节精彩纷呈。

（三）一组研讨，明晰前行路上的方向

有这样一句话："看不见的东西决定看得到的东西。"决定气质的，是那些看不见的书；决定生命厚度的，是那些看不见的晦暗时光；决定财富和成功的，是那些看不见的自律。决定教师们课堂中如何做的，是教师们大脑里的理念。

为了促进教师们深入了解"让学拓思"的理念精髓，引导从困难或问题出发，选择"三让""三拓"的某个点作为研究点，通过针对性学习、沉浸式实践、主题式反思。3月27~28日，各教研组开展了"让学拓思"之"我的主题我做主"研讨分享活动。本次活动，让教师们依据"问题——学习——实践——反思"研究思路，逐渐明晰"让学拓思"的前行方向。

二、一个"三"，全面实施

蒙台梭利说过："我听到了，我忘记了；我看到了，我记住了；我做过了，我理解了。"课改也一定要在做中学。

课堂是教学改革的试验田，为此学校开展了三轮课例研讨活动，探寻"让学拓思"的课堂教学密码。

（一）十二节骨干示范课

2024年5月，举行了骨干教师示范课活动。12位区、校级党员骨干教师充分发挥了示范引领作用。课后教师们利用希沃平台进行评议课和交流研讨，进一步加深了对"让学拓思"的理念的理解。

（二）十节青蓝工程汇报课

6月6日上午，举行"让学拓思"暨"青蓝工程"汇报课活动，10名青方教师参与展示，当日晚上8点，我通过腾讯会议对10节汇报课例进行点评，针对如何"让"和"拓"提出了建设性意见。

（三）四节特色阅读展示课

我校将"让学拓思"理念融进阅读课，6月7日，语文、数学、英语等学科的4节课例，为教师们呈现了不一样的"让学拓思"课堂新样态。原来，阅读课可以这样地"让"和"拓"。

三、一条常态，持续推进

为了督促在常态课中落实"让学拓思"理念，我校每两周进行一次随机约课行动，每次约课三位教师，由教学部门行政与年级组同学科教师一起观课，观课之后，结合"让学拓思"课改主题进行议课活动。

一学期来，教师们努力行走在"一学""二研""三上""四构建"实践之路，即"学习理念——学科组研讨——全面实践——初步构建"，初步尝

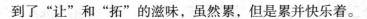

到了"让"和"拓"的滋味，虽然累，但是累并快乐着。

接下来简单说说工作不足及今后打算（只念三个大标题，具体内容不念）

（一）活动开展零碎性，研训体系需重建（学校系统）

活动之间缺乏逻辑性，没有体系支撑，因此后段需加强体系构建（黄佑生主任主题研修三环六步）。

（二）被动行动跟风走，以终为始寻策略（教师个人）

"让学拓思"这一课堂理念是我们课堂教学追求的终极目标，如何让这一理念落地课堂成为亟待解决的问题。（李元昌教授主题研修四步）

（三）评价量表需细读，对标描述利操作（课堂评价）

细读并理解评价量表，结合校情、学科进行进一步的细化，充分实现以评促教的作用。

总之，路漫漫其修远兮，我校将持续推进"让学拓思"教学研究，真正做到把课堂还给学生，让"让学拓思"理念真正在课堂教学中落地。

顺风而呼　行以致远

在姚建红校长领导下，我校于2023年下学期加入了"让学拓思"联盟学校，深入了解了"让学拓思"生命化课堂的卓越理念，发现这与南县教育局倡导的"素养课堂"理念不谋而合。为了改变我校课堂的现状，为学生创造自主学习、合作学习、探究学习的机会，让他们拥有独立思考、思维拓展的宝贵时间和空间，我校于本学期开启了"让学拓思·素养课堂"的教学研究之旅。现将开展情况汇报如下：

一、整体规划，全面推进

为确保教学研究的顺利进行，我校在期初就进行了全面规划和整体部署。学校研发部牵头制订了"让学拓思·素养课堂"实施方案和主题教研活动计划，明确了以理论学习、骨干教师示范课、青年教师过关课、全员过关课四个阶段开展课堂研究活动。同时，我们还组建了以姚建红校长为组长的工作小组，以及由学科带头人组成的听评课、磨课小组，分学科指导备课小组开展课堂研究活动。备课组也根据学校整体规划，开展了包括理论学习、课堂实践、听评课等丰富多彩的教研活动。

二、分层学习，深化理念

为了切实解决课堂中的问题，培养教师"让学拓思"的理念，我校分层开展了理论学习。首先，学校行政部门集中研讨交流，将雨花实验小学的"让学拓思"理念与县局"素养课堂"理念相融合，共同绘制出"让学拓思·素养课堂"的课堂基本框架。接着，教研组长深入研讨，将学科核心素养的教学目标设定、课堂教学中如何实现"让"与"拓"、小组搭建和培训等问题——梳理成文字，写进实施方案，并制定相关观课量规表。我们还邀请了南县教育局教研室的小学各学科教研员参与教学研究工作，对实施方案和观课量规进行指导，提出宝贵建议。最后，我们开展了各级理论学习活动，包括集团内全体教师专题培训、教研大组集中学习和备课小组深入学习等。

三、因地制宜，顺风而呼

目前，我校的"让学拓思·素养课堂"教学研究已经得到了南县教育局的大力支持和认可。我们成功举办了面向全县小学教师的县级展示课活动，在县域内形成了一定的影响力。这些成绩的取得离不开姚校长的英明领导。她提出的以"让学拓思"为路径建构素养课堂的理念，不仅响应了县局的号召，也为推进学校课堂改革、解决学校实际问题带来了良方。顺风而呼，我们便能顺势而上！

四、循序渐进，行以致远

为了逐步推进教学研究，我校初步拟定了一年的工作设想。从本学期初开始实施"让学拓思·素养课堂"教学研究以来，我们开展了丰富多彩的活动。其中，"以'让学拓思'为路径，建构素养课堂展示课"活动更是打响了我校教学研究的第一枪。本次活动得到了南县教育工委委员、教育局副局长周大昌的高度重视和基教股的牵头指导。我们共展示了14节精彩课例，涉及小学学段的7门学科。这不仅为我校"让学拓思·素养课堂"教学研究奠定了坚实的基础，也为全体教师提供了良好的示范。

4月，姚校长带领研发部和听评课、磨课小组深入教师们的常规课堂，在了解"让学拓思"理念是否落地的同时发现问题，解决问题，为后段的全员过关课做准备。

5~6月，我校开展了青年教师（35岁以下）全员过关课活动。本次活动共有25位青年教师参与，涵盖了7个学科。每位教师都以高度的热情和专业的态度，积极践行"让学拓思·素养课堂"的教学理念，在过关课听评课活动中不断锤炼教学技能，实现自我成长。最终25位青年教师的评级情况为入格1人，合格13人，定格7人，升格4人。

下学期学校将继续开展中年教师过关课活动，并对每位教师的课堂表现进行客观评分和评级。以此激励全体教师深入践行"让学拓思·素养课堂"的教学理念，将每一节课都视为教学改革的阵地，不断追求教学质量的提升和教师专业发展的新高度。

"让"而得法　"拓"而有效

金凤九小作为一所年轻的学校，始终紧抓课堂教学之根本，力求打造一支强有力的青年教师队伍。提高课堂教学效率及课堂效果是青年教师教学工作的重点、难点，观察课堂不难发现青年教师因无法把握课堂生成从而导致不敢放手的课堂教学形态，学生因而缺失自主学习、合作学习、探究学习的机会，久而久之缺少的则是独立思考、思维拓展的时间和空间。

2023年下半年，我校正式接触、学习并引进了"让学拓思"生命化课堂建设策略。学校从上至下开展深入研讨，各年级、各学科均在课堂教学中尝试运用"让学拓思"课堂教学实施策略。现就我校工作路径及具体举措汇报如下：

一、新视角 理念先行

1. 加强学习，定标分工

我校先后召开中层及部门会议，把握理念核心内容，结合校情，寻求共同特性，优化整合。确定目标，分领任务。

2. 转换视角，全员参与

全体教师深入学习，转变教学观念，人人内化理念，全学科推广实行。

二、勇探索 功在平常

各学科备课组充分借助"让学拓思"课堂教学策略进行教学设计二次备课。在课堂上实践探索此模式下的教学新路径，课后展开交流、总结经验。

包年级干部深入课堂推门听课，关注教师对"让学拓思"生命化课堂教学模式的实施情况及学生在此模式下的课堂教学中的改变。

优秀教研组在每月的分享活动中，选择较成熟或初步取得成果的教学案例进行分享，以供其他组学习。

三、向内求 向外行走

1. 校内活动，搭建平台

携手教育集团银川市阅海第三小学，先后于2024年3月26日、4月8日在我校开展数学、英语学科"让学拓思"理念下的课堂实践研究活动，以课例解读新课标，践行新理念，示范新课堂。

4月17日~19日，我校举办了"让学拓思"理念下的说播课观摩展示活动。本次说播课展示活动涉及多个学科。在比赛现场，参赛教师们围绕说课主题，从教材、教学目标、教学方法、教学重难点、教学过程、板书设计等几个方面进行现场说课。其中"让学拓思"的理念深入教师们的教学过程中，可谓是"节节皆有亮点，堂堂均有突破"，尽展金凤九小青年教师教学风采。

2. 精彩亮相，初展风采

为检验"让学拓思"课堂建设实施情况，我校于2024年5月14日、15日举办一、三、五年级春季学期教学开放日活动，邀请家长们走进校园，走入教室，走近孩子，零距离感受 "让学拓思"理念下的教学新变革及孩子们的校园生活。

课前，每一节课经过初备、研讨、磨课、改课、审核模拟五环节，最终收获家长们的一致好评。

3. 向外行走，乐享成果

4月9日，我校教师马嘉文与湖畔二十一小学教师进行同课异构，首次实现让新课堂走出学校。

5月15日，收到本市其他区县邀请，与贺兰五小联手进行单元统整教学，教师张雯樱子承担展示课任务，将"让学拓思"带出银川市。

5月27日，我校受邀与兴庆区第三小学开展联合教研活动。我校分享展示"让学拓思"课堂建设模式，并由教师丁慧灵展示数学课例《田忌赛马——对策问题》，获得联盟学校高度赞扬及认可。

四、思不足 方能致远

1. 学科属性不同，教学过程四环节需结合学科特点进行调整。要充分结合学情，取其精华，这样才会取得较大的成绩。

2. 青年教师无法面面俱到，把握不住课堂生成，仍存在"牵拉"较多、引导较少的情况，"让学"不到位，"拓思"不深入。

我校实施"让学拓思"教学模式以来，虽然取得了一些进步，但每个学校、每个地区都有不同的教学特点，因此，在学习渗透"让学拓思"课堂建设策略的同时，要注意丰富评价方式和内容，积极参与各级各类实战练兵活动，以达到不断检验、不断修正、不断优化的目标。通过不断地教学反思，才能不断地克服和解决问题，逐步熟练自如地掌握新课堂、新理念。

推动"让学拓思"　　打造"生命课堂"

郴州市福泉小学作为长沙市雨花实验小学"让学拓思"教育联盟校，本学期在雨花实验小学的帮助和指导下，结合我校实际情况采取了一系列措施推进试行"让学拓思"课改落地，具体措施如下：

一、理念先行：分层组建团队

在2024年1月，福泉小学党支部书记、校长邓静带领分管教学教研的两位副校长前往雨花区实验学校学习"让学拓思"课程理念，组建校管理团队。

4月，邓静再次带领教研教学部门骨干教师代表一行五人，前往雨花实验学校跟岗学习一天，并就学习成果结合学校实际情况，改进学校校本研修方案及教研组、教研组长评价考核制度，并组建由教研室牵头，各学科教研组长、骨干教师参与的研磨团队。

本学期开学之初，学校教研副校长莫娅娟对全体教研组长、年级组长、骨干教师进行"让学拓思"专题培训，抓住学校教研骨干，培养一批"让学拓思"理论"明白人"，再借助教研组活动，组织全校教师学习，围绕"让学拓思"开展系列教研活动。

二、实践探索：主题校本研修

1. 试点先行，摸索前进

本学期，福泉小学围绕"让学拓思"这一主题，以三年级为试点年级，对三年级全体教师进行理念培训，试行生命化课堂，以"让学拓思"的评价标准观课议课，并在试行、磨课、授课、研讨的过程中，初步体会了"让学拓思"对指导课堂教学的作用，提升学生学习兴趣、思维能力、表达能力的重要作用。

2. 骨干引领，共研成长

本学期，学校党支部书记、校长邓静在湘南幼专学生见习会上为现场教师、学生约600人带来一节扎实、高效的示范课。同时，在全校范围内开展了形式多样的"让学拓思"生命化课堂探索活动：骨干教师示范课、党员教师示范课、道法科学教研组长示范课，充分发挥骨干教师的引领示范作用，进一步激发了全校教师探索课堂、钻研教学的热情。

3. 集体备课，答疑解惑

学校校本研修活动利用每周一、三、五课后服务时间，各教研组围绕本组教师学习"让学拓思"课堂评价标准、践行"让学拓思"的反思、教学困惑、探讨教学重难点等方面展开深入研讨，帮助教师解决教育教学中的问题，探索生命化课堂。

三、总结思考：反思续写课改

2024年上学期，福泉小学围绕"让学拓思"的主题开展了系列教研活动，活动内容丰富，但形式单一，且依然有一部分教师对"让学拓思"的理念不够清晰，对生命化课堂的践行及教学方式的改变行为不够明晰。后续，学校将争取聘请雨花实验小学的专家进行专题讲座，在理论上为教师们答疑解惑，并通过"让学拓思"课例直观地让教师们学习什么是生命化课堂，如何"让"，怎么"拓"。此外，目前学校的许多教研活动并没有研修模式，缺少研修成果。

在后续的教研活动，学校将围绕"让学拓思"争取做出适合本校的课例成果、论文成果及课题研究等。让"让学拓思"项目不仅仅是一场场活动，而是能持续性帮助青年教师成长、拓展学生思维、促进教育改革、提升教学质量的先进理念，让课改真正在福泉小学落地。

名校名师助力，加推课改落地

    雨花区自然岭小学，地处雨花区自然岭路，自然村菜市场斜对面，是雨花区唯一的城中村学校。因为教研力量的薄弱，自然岭小学从自研的"构建生生合作的课堂"，加入雨花实验小学的"让学拓思"课改联盟，背靠万校长的名校名师课改联盟大树，并坚信万校长鼓励的一句话："课改，重在一步一步地坚持。"

    在加入联盟后，自然岭小学一直寻求"让学拓思"在我校的落地扎根。本学期，由雨花区英语名师曾璐担任校长，在曾校长的指引和推动下，自然岭小学的"让学拓思"课改稳步而扎实地推进着。

    在开学初，3月份，曾校长组织刘慧副书记、教研主任等行政人员，进行全面的推门听课，了解每位教师的教学情况。结合"让学拓思"的课改理念以及雨花区的"四有"课堂标准，给每位教师的课堂进行把脉。发现一些教师虽然兢兢业业地不遗余力地教学，但填鸭式教学现象比较突出，教师讲得多，学生主体性没有得到很好的体现。尽管在开学预备周给教师进行了"让学拓思"课改理念以及观课量表的培训和学习，但是教师的理解度不够深、认可度不够高，保持着观望的态度。

    基于此，学校在3月27日，邀请联盟总校谢冬梅校长和周敏老师到校，进行成熟课例的展示和课改经验的分享。周敏老师展示的语文课《繁星》获得了语文教研组教师的一致好评，对"让学拓思"课堂有了更直观具体的印象，为教师解决了"让学拓思"课堂"是什么"的问题；之后，谢冬梅校长分享的课改推行的经验，又给教师解决了"让学拓思"课改"如何走"的问题。

    结合区教育局四月份的"生命化课堂"竞赛，学校根据"让学拓思"

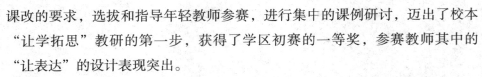

课改的要求，选拔和指导年轻教师参赛，进行集中的课例研讨，迈出了校本"让学拓思"教研的第一步，获得了学区初赛的一等奖，参赛教师其中的"让表达"的设计表现突出。

5月份，学校制定方案，校长带头引领、所有行政人员齐上"让学拓思"教研试水课，带动全体教师上"让学拓思"试水课。上课地点统一选在科学实验室的小组圆桌教室，小组圆桌教学适合学生的小组合作和交流发言，有利于促进教师课堂的转变。同时挂好横幅，营造好氛围和仪式感。另外，鼓励教师积极听课，每一节课进行听课签到，用观课量表进行评课，做好听课情况统计。

6月份，在整个试水课教研结束后，由校长和教研主任进行教研总结，同时各教研组集体研讨，找出教师们在课改活动中的亮点，评选出优课教师，也总结了课改过程中存在的问题。

本学期，我校在总校的帮助指导下，一步一个脚印，紧锣密鼓地推进"让学拓思"课改落地。"学，然后知不足；教，然后知困"，在学习实践中，我们获得了一些经验，但也遇到了一些问题，尤其是理论的学习和研究不够深入和丰富；而且，我校外来务工子女居多，占70%左右，家长开出租车、菜市场做生意等较多，忙于生计，对孩子的学习不够重视。如何在这种生情中开展课改，也是我们要探究的。在接下来的工作中，这也是我们要努力的一个方面。

我相信，在总校领导下，在各兄弟同盟校的合作互助探索中，定能加速课改的落地，定能够如"雨润花开"，硕果累累。

参考文献

［1］保罗·弗莱雷.被压迫者教育学［M］.顾建新，等，译.上海：华东师范大学出版社，2001.

［2］操太圣."从教到学"与教师职业的悖论［J］.教师发展研究，2020（2）：67-73.

［3］吴康宁.破除学校神话 走向学习化社会——《去学校化社会》译者导读［J］.教育学报，2017（5）：121－128.

［4］张世英.天人之际——中西哲学的困惑与选择［M］.北京：人民出版社，2005.

［5］马进.教育哲学的存在论维度及其价值启示［J］.安徽师范大学学报（人文社会科学版），2020（01）：94-100.

［6］马丁·海德格尔，存在与时间［M］.陈嘉映，王庆节，合译.北京：生活·读书·新知三联书店，2014.

［7］海德格尔.人，诗意地安居［M］.郜元宝，译.上海：上海远东出版社，2004.

［8］蒋开君，白贝迩.追问"教"之师：海德格尔和范梅南对"教"的洞见［J］.高教探索，2011（1）：93-96.

［9］李达."让学引思"：构建自主课堂的价值辨思［J］.教师教育论坛，2017（12）：45-47.

［10］杨惠雯，朱洪洋，项贤明.问题解决学习是什么样的学习——基于三种理论来源的分析［J］.课程教材教法，2023（12）：29-36.

［11］罗龙珠.小学数学教学中引发学生提问的实践与思考［J］.教育实践与研究［J］.2011（10）：48-49.

［12］宫春雪.探究性学习在初中地理课堂教学中的运用［J］.亚太教育，2022（20）：119-121.

［13］肖咏婧.践行分享式课堂　实现生本理念——以人教版六上"百分数的认识"教学为例［J］.新教师，2018（10）：51-52.

［14］何瑜姝.同源共流，分数乘法再认识——听吴正宪老师"分数乘法"一课有感［J］.教育科学论坛，2023（11）：65-68.

［15］池红梅，吴泽霖.原来所有运算都是一回事儿——特级教师吴正宪"分数乘法"教学片段欣赏［J］.教育科学论坛，2023（11）：49-56.

［16］余凤.小学数学"备—教—学—评"一体化教学模式探索［J］.名师在线，2024（7）：43-45.